中国建筑业发展历程与转型之道

中建三局科技建筑有限公司　组织编写
潘　寒　主　编

中国建筑工业出版社

图书在版编目（CIP）数据

中国建筑业发展历程与转型之道/中建三局科技建筑有限公司组织编写；潘寒主编.—北京：中国建筑工业出版社，2020.12
ISBN 978-7-112-25863-5

Ⅰ.①中… Ⅱ.①中…②潘… Ⅲ.①建筑业-产业发展-研究-中国 Ⅳ.①F426.9

中国版本图书馆CIP数据核字（2021）第024856号

本书通过研究国内外建筑业发展历程，寻找不同时期建筑业改革的核心因素以及发展方向，系统总结建筑业演变的历史规律，对国内建筑业发展的现状进行分析，通过组织、技术、管理及大数据建设四方面对建筑业发展做出预判及规划，最终形成建筑产业现代化发展的九大路径。本书内容共4章，分别是：国内外建筑业发展历程、国内宏观背景、中国建筑业行业运行现状、中国建筑业与主要干系人发展方向。本书可供建筑行业管理、研究人员参考使用。

责任编辑：范业庶　万　李
责任校对：张惠雯

中国建筑业发展历程与转型之道
中建三局科技建筑有限公司　组织编写
潘　寒　主　编

*

中国建筑工业出版社出版、发行（北京海淀三里河路9号）
各地新华书店、建筑书店经销
霸州市顺浩图文科技发展有限公司制版
北京京华铭诚工贸有限公司印刷

*

开本：787毫米×1092毫米　1/16　印张：10¼　字数：205千字
2021年1月第一版　2021年1月第一次印刷
定价：**109.00**元
ISBN 978-7-112-25863-5
（37027）

版权所有　翻印必究
如有印装质量问题，可寄本社图书出版中心退换
（邮政编码100037）

本书编委会

主　　　审：王　涛
主　　　编：潘　寒
副 主 编：杨　玮　谢俊勇　田志雄
主要编写人：廖　峰　叶　知　李　瑶　高　立
　　　　　　蔡　鹏　李凌云　刘绍乾　李俊宏
　　　　　　冯敏学

前　言

第二次世界大战以后，各国建筑业百废待兴，城市建筑需求量激增，劳动力成本上升、资源短缺、经济萧条等一系列制约条件导致人们对建筑批量生产需求迫切，各国纷纷出台相关政策大规模推行建筑工业化发展。20世纪60年代后，工业与科技的发展伴随着经济的复苏，人们对建筑的认知也转变为一种生活用品，消费品质化诉求对推动建筑工业化向精细化、经济性综合发展起到决定性作用。

整个20世纪，各种现代派建筑大师在他们的建筑中，对预组装、模块化等生产方式进行了大量的探索尝试。譬如，勒·柯布西耶基于汽车生产模式提出的大规模房屋建造方式。美国二战时期无数工厂化生产的住房以及尼克松时代名为"运营突破"的工业化房屋建造计划等，虽然经过实际运用并同时进行大规模的普及，但最终都没有被长久继承下来。造成这种结果的直接原因，是由于这些前赴后继的努力背后各种运动本身的局限性造成的。汽车流水线的批量生产使得建筑师们坚定的理论基础都是产品的统一性，但是建筑的使用者并没有像他们所居住的房子那样千人一面，每个人的文化背景、个人偏好以及场地的特殊性都不一致，这与所有建筑统一、重复的外观和实体形状产生巨大矛盾。

21世纪以来，随着新一轮技术革命和产业革命孕育兴起，以信息技术为引领，生物技术、新材料技术、新能源技术等技术群广泛渗透、交叉融合。建筑工业化系统不断与时代科技相融合，集成装配式建造技术与数字信息技术缔造出新的光辉。近几年，中国经济已步入中高增速的新常态，随着生态文明、供给侧改革、新型城镇化、中国建造2035等国家顶层战略的提出，对建筑业产业结构优化，转型升级变革带来了新的机遇和挑战。

中建三局科技建筑有限公司为世界五百强企业中国建筑旗下的全资子公司，是中建三局为响应国家建筑产业化号召，全面落实"创新、协调、绿色、开放、共享"发展理念，积极践行"七个并重"方针的战略布局。公司主要从事装配式建筑工业化技术及产品研发、生产、装配式策划咨询、总承包管理、PC工厂建厂咨询、产业工人培训等业务，致力成为国内最具实力的装配式建筑整体服务商。历经五年在装配式行业负重前行，通过研究国外建筑业发展历程，寻找不同时期建筑业变革的核心因素以及发展方向，总结建筑业演变的历史规律。对标国内建筑业发展的宏观环境，分析行业现状及痛点，参照其他国家建筑业发展启示，通过组织、技术、管理及大数据建设四方面对建筑业发展做出预判及规划，最终形成建筑产业现代化发展的九大路径，深度阐述了科技建筑人以集成思想为指导，以解决行业痛点、响应人居需求为方向，定制数字化建造的宏观愿景。

目 录

1 国内外建筑业发展历程 ··············· 1

1.1 美国 ························· 1
1.1.1 美国建筑业发展概述 ············· 1
1.1.2 美国建筑产业化历史 ············· 3
1.1.3 美国建筑业法律体系 ············· 5
1.1.4 美国建筑业发展经验总结 ··········· 8

1.2 德国 ························· 9
1.2.1 德国建筑业发展概述 ············· 9
1.2.2 德国建筑产业化历史 ············· 14
1.2.3 德国建筑行业管理规范体系 ·········· 18
1.2.4 德国建筑业发展的经验总结 ·········· 20

1.3 英国 ························· 21
1.3.1 英国建筑业发展概述 ············· 21
1.3.2 英国建筑产业化历史 ············· 22
1.3.3 英国建筑行业管理规范体系 ·········· 24
1.3.4 英国建筑业发展的经验总结 ·········· 24

1.4 日本 ························· 25
1.4.1 日本建筑业发展概述 ············· 25
1.4.2 日本建筑业产业化历史 ············ 27
1.4.3 日本建筑业产业化管理规范体系 ········ 36
1.4.4 日本建筑业发展经验总结 ··········· 38

1.5 新加坡 ······················· 38
1.5.1 新加坡建筑业发展概述 ············ 38
1.5.2 新加坡建筑业产业化历史 ··········· 40
1.5.3 新加坡建筑业管理体制及相关制度 ······· 41
1.5.4 新加坡建筑业发展经验总结 ·········· 44

1.6 俄罗斯 ······················· 44
1.6.1 俄罗斯建筑业发展概述 ············ 44

  1.6.2 俄罗斯建筑业产业化历史 ·· 47
  1.6.3 俄罗斯技术法规与技术标准体系 ·· 48
  1.6.4 俄罗斯建筑业发展经验总结 ·· 50
 1.7 中国 ·· 51
  1.7.1 中国建筑业产业化历史 ·· 51
  1.7.2 中国建筑业法律法规体系 ·· 52
 1.8 国内外建筑业发展历程总结 ·· 52

2 国内宏观背景 ·· 55

 2.1 政策环境 ·· 55
  2.1.1 国家顶层战略驱动 ·· 55
  2.1.2 各地政策不断出台 ·· 56
 2.2 经济环境 ·· 56
  2.2.1 GDP发展步入新常态 ·· 56
  2.2.2 全社会固定资产投资增速减缓 ·· 57
  2.2.3 财政货币政策日趋稳健 ·· 59
  2.2.4 人均可支配收入增加及恩格尔系数持续回落 ·················· 60
  2.2.5 对外投资深入调整 ·· 61
  2.2.6 经济环境对建筑业的影响分析 ·· 61
 2.3 社会环境 ·· 62
  2.3.1 人口红利消失 ·· 62
  2.3.2 新型城镇化发展 ·· 62
  2.3.3 教育水平提高 ·· 63
  2.3.4 彰显文化自信 ·· 64
 2.4 技术环境 ·· 64
  2.4.1 建筑技术变迁 ·· 64
  2.4.2 信息化势所必然 ·· 65
  2.4.3 建筑行业新技术的应用 ·· 65
  2.4.4 革命性技术发展对建筑业的影响 ······································ 67
  2.4.5 未来建筑业畅想 ·· 68
 2.5 资源环境 ·· 68
  2.5.1 资源约束趋紧 ·· 68
  2.5.2 能源日益短缺 ·· 68
  2.5.3 环保需求日益强烈 ·· 68

3 中国建筑业行业运行现状······70
3.1 中国建筑业监管发展现状······70
3.1.1 建筑业监管体系现状······70
3.1.2 建筑业监管体制不健全······73
3.2 中国建筑业技术发展现状······74
3.2.1 建筑业技术标准现状······74
3.2.2 建筑业技术水平现状······76
3.2.3 建筑业技术环境效应······81
3.3 中国建筑业市场总体现状······83
3.3.1 国内建筑市场总体现状······83
3.3.2 对外建筑市场总体现状······86
3.4 中国建筑业市场竞争现状······88
3.4.1 建筑业竞争现状······88
3.4.2 建筑业竞争力分析······90
3.4.3 建筑业竞争力评价指标体系构建······95
3.5 中国建筑业产业管理现状······96
3.5.1 建筑业业务开展流程······96
3.5.2 建筑业业务价值链分析······97
3.5.3 建筑业业务组织管理······100
3.5.4 建筑业业务管理的新现象······101
3.6 中国建筑业相关行业现状······106
3.6.1 建筑业涉及主要主体······106
3.6.2 劳务市场······107
3.6.3 建筑材料······110
3.6.4 机械设备······111
3.6.5 工程咨询······112
3.6.6 建筑施工······118
3.6.7 房地产······119
3.6.8 基础设施······120

4 中国建筑业与主要干系人发展方向······124
4.1 中国建筑行业的发展启示······124
4.1.1 建筑业组织方式发展预判······124
4.1.2 建筑业管理方式发展规划······128

  4.1.3 建筑业技术发展规划 ………………………………………… 131
4.2 中国建筑业发展方向 ………………………………………………… 132
  4.2.1 体制机制改革 …………………………………………………… 132
  4.2.2 优化市场环境 …………………………………………………… 133
  4.2.3 鼓励企业技术创新和管理创新 ………………………………… 134
  4.2.4 加强质量安全管理 ……………………………………………… 134
  4.2.5 提高从业人员素质 ……………………………………………… 135
  4.2.6 完善工程组织模式 ……………………………………………… 137
  4.2.7 推进建筑产业现代化 …………………………………………… 139
  4.2.8 发展绿色节能建筑 ……………………………………………… 140
  4.2.9 加速开展海外市场 ……………………………………………… 141
4.3 建筑业对干系人发展方向的影响 …………………………………… 142
  4.3.1 建材企业发展方向 ……………………………………………… 142
  4.3.2 设备企业发展方向 ……………………………………………… 143
  4.3.3 设计企业发展方向 ……………………………………………… 144
  4.3.4 施工企业发展方向 ……………………………………………… 146
  4.3.5 监理企业发展方向 ……………………………………………… 149
  4.3.6 质检企业发展方向 ……………………………………………… 150
  4.3.7 管理运营企业发展方向 ………………………………………… 150
  4.3.8 地产企业发展方向 ……………………………………………… 151
  4.3.9 政府发展方向 …………………………………………………… 153

1 国内外建筑业发展历程

1.1 美国

1.1.1 美国建筑业发展概述

1998年建筑业总额达6520亿美元，约占世界建筑业总额的20%，占美国国内生产总值的8%左右。全美共有大小建筑业承包商573000家，建筑业就业人口4668000人，平均每家公司8.1人。其中，大建筑商168400家，小建筑商367300家。在建筑业总额中，薪金占19%，根据美国劳工统计局的数据显示，2015年建筑师平均工资为76100美元/年。

美国前100家大建筑商的产品占新建房屋的21.5%，其中最大建筑商为PUITECOYP公司，累计建造20359栋房屋，年均营业额为305000000美元，平均每户约为150000美元。美国建筑商错落分布，只有四个城市中有市场占有率超过10%的公司。这种现象反映了两方面问题：一是反映了美国建筑市场竞争的激烈程度，二是反映了美国未存在市场垄断、行业垄断。

1999年5月美国平均房价185100美元，而2003年2月旧金山市一般房价最低为703000美元/栋（含两卫生间），最高达745702美元/栋（含三卫生间），此类房屋生活设施较为齐全。房屋的主要类型以栋为主，每栋为200～250m^2（不含车库），大多为3层以下木结构。包括有普通型住宅、豪华型别墅，房价差异较大，这种差异主要体现在交通是否方便、位置是否优越、环境是否优美等方面。旧金山地区建筑以钢木结构为主，其主要偏向是防震性能，这是由其特殊的自然条件所决定。

1.1.1.1 严格的建筑工程许可证制度

美国是一个市场经济高度发达的法治国家。除联邦政府外，各州都有立法、执法权，而且各不相同。就建筑业来说，其法律法规制度等在各州各地区也不相同。建筑工程许可制度不仅在旧金山广泛推行，而且在加州乃至整个美国西部地区都重点推进执行这套制度。此套制度是由旧金山市建筑检查局制定，市政府颁布实施的。在旧金山地区无论是建造新建建筑物，还是改建现有建筑物，都必须取得"市政府建筑许可证"，否则任何建筑都不得开工建设，并视之为违法行为。办理建筑工程许可证涉及市、州与联邦政府若干的法律法规条例。如：能源条例、劳动保护、职业安全、卫生、海湾地区空气品质管理等。

取得建筑工程许可证需涉及市政府多数部门，如建筑局、规划局、公共卫生局、重建局、公务局、警察局、消防局、海湾地区空气质量管理特区、企业区、市长办公室、经济发展处等。特别是建筑检查局，它主要负责执行并制定出最低标准法规，以保障一般大众的人身安全、卫生、财产与正常生活。为达此目标，该局会管控辖区内所有建筑物的设计、施工、物料品质，以及用途、位置、维护，甚至某些特别管制设备。美国核发建筑许可证制度，旨在解决以下一些问题：

（1）任何一项建筑工程从设计、施工到竣工交付使用，必须严格遵守区、市、州、联邦政府的各项法律法规，依法建筑、依法办事；

（2）任何一次建筑活动必须充分考虑安全、环保、卫生、消防、劳保、防震、残障人士、街道社区影响等种种因素；

（3）任何一项建筑都必须层层审核、层层把关，力求设计完善、功能齐全、使用方便、优质安全、保护环境、符合城市社区街道的整体规划或布局；

（4）颁布并实行一整套法律程序、法律体系和临管机构。

1.1.1.2 独特的建筑管理理念

（1）投资主体私有化。美国是典型的以私有制为基础的资本主义国家。私人投资是美国建筑投资的主要来源。据介绍，1993年全美国基本建设总投资5000亿美元，其中私人公司或股份投资于非住宅建设的资金占35%，私人房地产公司和公民个人投资于住宅建设资金占41%，国家政府用于公共建筑的投资仅占24%。

（2）建筑风格多样化。无论是政府大楼、市政大楼、商贸大厦，还是旅游景点、娱乐场所、宾馆酒店和民用住宅都是设计独特、外形别致、高低错落、纷繁有序、风格各异。在美国几乎看不到一栋同类型的建筑，给人一种五彩缤纷、赏心悦目、独具特色的感觉。

（3）配套设施全面化。美国人宁肯节衣缩食也要修建或购买自己称心如意的住房。住宅拥有客厅、书房、卧室、厨房、餐厅、卫生间、洗衣房、储藏间、车库，并且冷热水、暖气、空调、消毒柜、电器、家具等设备应有尽有。室外有草坪、花园、雕塑等，环境优美。

（4）建筑材料标准化。在美国各城市都有建材超市，每个建材超市都有成品或半成品，物品齐全、节能环保、选购方便、运输快捷、高效适用、质量可靠，深受广大用户的欢迎。

(5) 建筑管理法制化。美国的法制体系非常庞大并且完善成熟，很多事都是用法律法规来加以规范和处理的。在建筑业规划设计、建设、检查、验收以及业主与建筑商、建筑商与监理师、业主与租户、建筑商与户主之间，都严格按合同办事，出了问题一切按合同来解决。合同以法律为准则，具有严格的约束性。美国的各阶层人士都有较强的法律意识，依法办事、依法管理已形成氛围。

1.1.2 美国建筑产业化历史

在日益紧张的能源与环境形势下，随着建筑工业化的要求，各国建设模式和建筑产业发展方式正在加快转型。世界发达国家都把建筑部件工厂化预制和装配产业化施工，作为建筑产业现代化的重要标志。"装配式建筑产业化是世界性的大潮流和大趋势，同时也是各国改革和发展的迫切要求；而美国在这方面无疑代表了目前世界最先进的水平"。时任美国建筑管理局国际联合会（ICBO）副主席的凯文·伍尔夫教授认为"美国已经形成成熟的装配住宅建筑市场，装配住宅构件及部品的标准化、系列化以及商品化的程度将近100%"。本文从政策机制、结构装配、技术体系、标准规范、信息化应用等内容阐述美国装配式住宅的产业动向与发展趋势。

"美国早期的装配式建筑外形比较呆板，千篇一律。17世纪向美洲移民时期所用的木构架拼装房屋，就是一种装配式建筑。到20世纪初，美国经历了三次移民高潮后，1920年美国人口总数首次猛增超过1亿"。当时的美国白宫科技政策办公室（OSTP）主任奥普拉·温弗瑞介绍，"人们在拼装房屋设计上做了改进，增加了钢结构的灵活性和混凝土预制件的多样性，使装配式建筑不仅能够成批建造，而且样式丰富"。

起源于20世纪30年代的汽车房屋是美国装配式住宅的一大主流，当时主要用来野营，二战期间野营的人员数量减少，这种房车也就作为一个分支业务而存在，为选择移动生活方式的人们提供一个住所，作为一种当时比较先进的装配式活动住宅被固定下来。它的每个住宅单元就像是一辆大型的拖车，只要用特殊的汽车把它拉到现场，再由起重机吊装到地板垫块上和预埋好的水道、电源、电话系统相接，就能使用。活动住宅内部有暖气、浴室、厨房、餐厅、卧室等设施。其特点是既能独立成一个单元，也能互相连接起来。至此，美国装配式建筑产业化、标准化的雏形出现了。

美国装配式建筑产业化、标准化初期的另一方面动力是采用Art Deco建筑风格。1931年完工的纽约帝国大厦是美国采用Art Deco建筑风格的标志性装配式建筑物，它在美国建筑师协会公布的美国人最喜爱的建筑中排名第一，是建于大萧条时期的大厦，其建设速度和技术在当时是具有划时代意义的。所有的建筑构件全部都在宾夕法尼亚的工厂里预装配好，然后运到纽约"搭积木"。每周的建设速度是4层半，这在当时是非常了不起的。完工时102层，381m高的大楼成为纽约最高的大楼，直到1972年世贸中心的双塔建成之前，帝国大厦一直是全纽约最高的建筑。2001年，"911事件"发生，世贸双塔被毁，帝国大厦又成为了第一。它现在是美国第三高的建筑（第一和第二高的都在芝加哥）。目前每年到帝国大厦86楼参观的游客大约有350万。在帝国大厦内有1000多家公司，2万多名雇员，是美国继五角大楼之后的第二大单体办公楼。

在民用装配住宅方面，美国与其他国家的装配住宅产业化发展路径不同，发展初期就注重装配住宅的个性化与多样性，市场也主要集中在远离大城市的郊区，以低层木结构民宅为主体。与其他国家由于受到大城市扩张所带来的住房产业化的急速发展不同，美国最开始的装配住宅产业化有着自己独特的发展方向与应用对象。特别是20世纪40年代后，美国随着战后移民涌入人口大幅增加，二战中军人也出现复员高峰，军队和建筑施工队对简易装配住宅的需求增加，全国出现了严重的住房荒，在这种背景下，联邦政府开始指导使用汽车房屋，并努力提高这种住宅的质量；同时一些装配住宅生产工厂开始生产外观趋近传统装配住宅，底部配有滑轨可以用拖车托运的产业化装配住宅。

在20世纪40年代末到50年代初，随着美国建筑界对高层建筑的需求与塔式起重机的出现，以及为了减轻围护墙体重量，开始使用标准化与模数化的装配集成预制建筑材料——幕墙。大面积玻璃幕墙代表作是1952年美国SOM事务所设计建造的纽约利华公司办公大楼。幕墙采用不锈钢框架，色彩雅致，尺度适宜，成为当时宣传集中装配建筑的绝佳实例。

20世纪60年代后，随着生活水平的提高，美国人对住宅舒适度的要求也逐渐提高。通货膨胀致使房地产领域的资金抽逃，专业工人的短缺进一步促进了建筑构件的机械化生产，这也直接促进了美国集成装配建筑进入一个新阶段，其特点就是现浇集成体系和全装配体系，从专项体系向通用体系过渡。轻质高强度的建筑材料如钢、铝、石棉板、石膏、声热绝缘材料、木材料、结构塑料等构成的轻型体系，是当时集成装配体系的先进形式。这一时期，除住宅建设外，美国的中小学校以及大学的广泛建设，使得柱子、支撑以及大跨度的楼板（7.2m/8.4m）在框架结构体系的运用中逐渐成熟。工业厂房以及体育场馆的建设使得预制柱、预应力I型桁架、桁条和棚顶得到了应用。由于新的结构体系比混凝土结构更加易于生产、节点制作更多样化、精度更高，从而出现了要求统一集成装配建造体系通用标准与技术规范适用范围的紧迫趋势。

到了20世纪70年代，装配建造体系迫切需要统一标准与规范，人们对住宅的要求更高了，而且美国又恰逢第一次能源危机，建筑界开始致力于实施配件化施工和机械化生产。于是，美国国会在1976年通过了《国家产业化住宅建造及安全法案》；同年在严厉的联邦法案指导下出台了美国装配住宅和城市发展部

(HUD)的一系列严格的行业标准。其中HUD强制性规范的法规《制造装配住宅建造和安全标准》，一直沿用至今，并与后来的美国建筑体系逐步融合。直到1980年，接近75%的产业化装配住宅都是3.7~4.3m宽的单个部段单元，大多是放置在租来的产业化装配住宅社区土地上。该阶段，美国建筑业致力于发展标准化的功能块、设计上统一模数，这样易于统一又富于变化，降低了建设成本，提高了工厂通用性，增加了施工的可操作性，也给了设计更大的自由。

到了1988年，美国超过60%的产业化装配住宅是由两个以上的单元在工地用各种方法再结合到一起，大约75%的这些装配住宅是放置在私人土地上的，已经超过了放在装配住宅社区的数量，许多新的产业化装配住宅社区开始提供永久性混凝土基础上的高质量装配住宅，许多还带有地下室。

1990年后，美国建筑产业结构在"装配式建造潮流"中进行了调整，兼并和垂直整合加速，大型装配式住宅公司收购零售公司和金融服务公司，同时本地的金融巨头也进入装配式住宅市场。在1991年PCI年会上，预制混凝土结构的发展被视为美国乃至全球建筑业发展的新契机。特别是1997年《美国统一建筑规范》(UBC-97)明确预制混凝土建筑结构可达到甚至超过现浇混凝土结构的强度和刚度。

2000年，美国通过产业化装配住宅改进法律，明确装配住宅安装的标准和安装企业的责任。在经历了产业调整、兼并及重组之后的美国装配建筑产业初具规模，装配住宅产业化也开始向多方面多体系发展。2000年后，正因为政策的推动，美国装配式建筑走上了快速发展的道路，产业化发展进入成熟期，解决的重点是进一步降低装配式建筑的物耗和环境负荷、发展资源循环型可持续绿色装配式建筑与住宅。

近十年，在信息时代到来后，数字化语境下的集成装配建筑发展渗透到建造技术的各个层面，诸如"数字化建构""模数协调""虚拟现实""功能仿真"等概念术语在学术界风起云涌。美国建筑界不断深化使用电脑辅助设计建筑，用数控机械建造建筑，借用数字信息定位进行机械化安装建筑。生于新泽西州的美国建筑师彼特·艾森曼作为这个改革的主导者之一，着重强调："从第二次世界大战后的50年开始，产生了一种对建筑学体系机构影响的新范式转型，从机械范式转向电子范式。"装配式建造技术也将迎来信息化进程下信息范式的转变。

1.1.3 美国建筑业法律体系

美国是市场化水平最高的国家之一，在建筑产业化方面走在国际前列，取得了突出的成就。而推动这一浩大艰巨的产业工程，不仅需要产业界建筑设计与工程技术层面的解决方案，更重要的要以法律衔接作为其标准化管理体制的根本保障。为促进建筑业的可持续发展，美国政府出台了一系列相关的法律、法规和一些产业政策。

1.1.3.1 建筑法规体系相关的国家法律

当然，国家基本法规是由国家制定的，是建筑业应当遵守的母法。在美国的法律体系中，与建筑产业相关的法律主要还包括：《民商法》《经济法》和《行政法》等。

与建筑业有关的美国民商法有《统一商务法规》《合同重述法》《公司法》《合伙法》《破产法》及《商业职业法》等。

与建筑业有关的美国经济法有《税法》《银行法》《劳动法》《保险法》《金融法》《贸易法》《联邦财产与行政服务法》《联邦采购法》《法托拉斯法》《谢尔曼法》等。

与建筑业有关的美国行政法表现为行政规章，行政规章分为多种形式，一般分为程序规章、实体性规章、解释性规章三类。

除此之外，还有《住宅法》《统一管理法》《土地政策管理法》《联邦测量法》《赫德法案》《联邦管道法》《联邦防火法》《联邦机械设备法》《环境保护法》《职业安全与健康条例》等法律法规来调整建筑业及其相关的活动。

1.1.3.2 各地州县市法规的主要内容

美国是联邦制国家，其政府机构设置分联邦、州、县、市四个层面，各州、县、市也具有各自相对独立的建筑立法权限。以马里兰州为例，《马里兰州建筑实施条例》（2006版）是从基于保护人民生命财产安全，建立可操作的装配建筑规范程序和政策的目的出发，在《国际建筑条例》和《国际住宅条例》基础上，结合本州实际，增加、修改、删除了一些条款。如增加了装配农业建筑、装配观光农业建筑规范；装配式独栋住宅、双拼住宅和联体住宅的详细规定；限制装配式住宅层数，不超过三层等。

同时，《马里兰州建筑实施条例》也明确指出本州内各县市地方条例可实施特殊要求的条例法规，以体现较强的针对性和可操作性。例如巴尔的摩县是马里兰州下属的23县之一，2005年1月3日巴尔的摩县议会通过的《巴尔的摩县建筑条例》（简称BCBR），修改与增加的法规：如BCBR-101.2条法规指出，装配式独立住宅、双拼住宅和联体住宅不允许超过三层；又如BCBR-115.3条法规指出，建筑官员发现装配式建筑物或构筑物出现不安全现象，应书面告知业主，并在规定时间拆除危险部分。

1.1.3.3 装配建筑法律法规的发展

20世纪初，美国在政治、经济方面发生了一系列变革，联邦政府将装配式活动住宅与汽车房屋作为解决房屋市场混乱和低收入居民住房问题的主要政策目标。1934年国会通过了《联邦住宅法》，并建立联邦住房管理局（FHA），由政府担保，说服银行为低收入者提供住房贷款按揭，随后开始建立永久性的联邦补助制度。1935年美国工会又通过《米勒法案》，规定对政府资助的帝国大厦等大型装配建筑工程项目与一些装配住宅生产工厂进行付款保证担保，要求所有参与联邦装配建造工程的承包商都必须及时履行担保合同。

二战后到20世纪50年代末，由于战争等原因造成住房严重短缺，政府启动了各种优惠政策大力扶持住房建设，重点解决供给不足问题。特别是在凯恩斯主义政策引导下，政府对住房市场的干预继续扩大，1949年杜鲁门政府颁布《1949年住房法令》，内容包括装配式住房建设、贫民窟清理和社区重建等。

20世纪60年代初到70年代，公共住房建设的核心地位开始淡化，以租房补贴为代表的新型装配式住宅与建筑援助政策被提出。1961年肯尼迪政府签署《综合住房法》，增加中低收入家庭的低息贷款和保险以及鼓励私营发展商为低收入家庭建造低价装配式住房等政策。该法案标志着美国的住房保障政策由政府建造公共住房转向政府补贴引导私营部门通过市场提供低价住房。1965年，约翰逊政府开始对低收入者实行租金补贴。1968年政府签署《开放住房法案》，确定在10年内提供600万套政府补助房给低收入家庭购买或租住；市场也主要集中在远离大城市的郊区，以低层木结构装配式民宅为主体。1970年美国政府出台了《住房和城市发展法》，鼓励和支持城市装配式住宅适度发展，重点在新社区和内陆城市。1970年的《职业安全与健康法》是美国的基本法也是联邦法，该法极其重视"雇员"的人身安全，要求装配建设单位必须提供安全的工作和工作场所，明确了业主和总承包商承担的安全责任。在1970—1973年间，美国住房存量中新增了170万套装配式补贴住房。1974年《住房与社区开发法》的通过，标志着联邦政府直接兴建的装配式公共住房计划暂告一段落，明确补贴鼓励低收入居民和非营利发展商承担新建装配式民用住房及其修复工作，成为政府援助的主要方式。1976年，美国国会通过了《国家工业化住宅建造及安全法案》，在该法案规范下同年出台了一系列严格的装配行业规范标准，逐渐与美国建筑产业化体系相融合、趋于完善。

20世纪80年代后，美国联邦政府又推出了一系列税务与贷款改革，加快装配式住宅等民用住房的自有化发展。1986年美国政府实施的《税制改革法案》从根本上改变了装配式住宅等廉租房的商业模式，降低了借贷双方的介入门槛；1989年国会通过的《住房和城市发展改革法》，促进法律、金融和管理的完整及统一，并逐步对装配建筑实施法制化立法。2000年，美国国会颁布的《装配式住宅改进法案》，就装配式住宅使用过程中的责任界定给出了法律依据。2003年开始实施每年2亿美元的"首付款资助计划"，为主要购买装配式住宅的中低收入家庭提供1万美元或房价6%的首付款资助。这些制度极大地刺激了装配式建筑产业与市场的发展。现在每16个美国人中就有1个人居住的是装配式住宅，并成为非政府补贴的经济适用房的主要形式。

1.1.4 美国建筑业发展经验总结

了解美国等当今世界建筑发展趋势,是我们确定今后工作目标,作出科学决策的一项非常重要的工作。建筑发展的综合性和交叉性很强,它涉及社会科学和自然科学的广泛学科领域,与国家、社会、城市、居住使用需求的变化紧密相连,必须拥有综合的分析与研究,但总括起来,城市与建筑的问题就是怎样恰当处理人与环境关系问题;建筑科技的发展要充分考虑人口、资源、环境和能源的影响,使城市建筑迈入可持续发展的轨道;要认真注重建筑产品的品种、质量、效益,特别是环境质量的提高,以使人类长期受益。

2015年9月15日,中国对外承包工程商会与美国麦格劳-希尔建筑信息公司共同举办了"中美企业合作与美国工程市场机遇研讨会"。研讨会上,麦格劳-希尔建筑信息公司总裁杨诺博认为,2007年美国建筑活动的发展趋势包括全球化、可持续发展、生产效率、协作性以及人口构成的变化。

第一是全球化。对所有公司来说,全球化将不再是发展趋势,它已完全融入企业的日常经营活动。现在,公司所需的大部分原材料和服务均来自全球市场。在国内市场逐渐饱和的情况下,公司可以通过海外投资实现市场增长。国家市场之间资源共享。国际因素对公司合作、承揽项目产生的影响越来越显著。由于实现全球化,跨国公司可以全天候提供服务。

第二是可持续性。在国际建筑业中,可持续发展意味着绿色节能建筑的发展。建筑业的可持续发展有两大趋势:一是调动一切技术构造手段达到降低能耗,减少污染,实现可持续性发展的目标;二是在深入研究室内热功环境和人体工程学的基础上,研究人体对环境生理、心理的反映,创造健康、舒适、高效的室内环境。国际最新建筑节能技术规范的核心思想就是从控制单项建筑围护结构(如外墙、外窗、屋顶等)的最低保温隔热指标,转化为对建筑物真正的能量消耗量的控制,并最终实现严格有效的能耗控制目标。

美国能源部提出了"建筑技术计划",全面考虑房屋建筑的供暖、制冷、输送渠道及实现方式。能源部还支持美国绿色建筑协会推行以节能为主旨的《绿色建筑评估体系》,它也是目前世界各国建筑环保评估标准中最完善、最有影响力的体系。美国环保局的"能源之星"计划还对有利于节能的建筑材料授予"能源之星"标准。为鼓励使用节能设备和购买节能建筑,美国对新建节能建筑实施减税政策,凡在IECC标准基础上节能30%以上和50%以上的新建建筑,每套房可以分别减免税收1000美元和2000美元。美国各州政府还根据当地的实际情况,分别制定了地方节能产品税收减免政策。

第三是生产效率。建筑业生产率的度量是一个富有挑战性的课题,它包括劳动力的技能和文化,技术进步,项目的大小、规模和类型,工地条件和其他环境因素，项目的综合设计，以及劳动力与资本之比。据美国建筑业的业内人士介绍，设计与施工密切结合的方式是促进建筑业组织机构更加精简、运转更加有效的施工办法，同时也是建筑工业现代化发展的必由之路。

第四是协作性。建筑业的协作性主要是指数据管理和沟通的通顺能力。对于总值高达1.2万亿美元的美国建筑业来说，目前电子商务只占很小的份额。而且据杨诺博介绍，由于缺乏协作共享能力，美国建筑行业每年要付出158亿美元的代价。根据建筑在线网的调查结果显示，通常由于丢失文件和缺乏沟通使施工成本增加20%～30%，而由于网站的使用，英国建筑市场每年可以节约大量资金，同时施工工期缩短15%。美国的招标网站和建造网都宣称，通过将建筑市场带入互联网可以节约30%～35%的项目成本。建筑行业发展电子商务是时代发展的要求和必然趋势，更是由行业地位、自身特点以及发展趋势所决定的。建筑行业本身具有分散的性质，可能需要横跨多个市场，在短时间内切换于不同的工程领域，而且往往还是在远离指挥中心的异地开展生产活动。因此，具有复杂的物流。这些特点决定了它比其他行业更需要且更受益于电子商务。建筑企业实现电子商务可以提高竞争力，减少基础设施的弱点，扩大市场，降低供给链信息沟通成本，减少项目时间、成本和风险。

第五是人口构成的变化。美国的人口构成具有以下特点和趋势：一是美国人的平均寿命明显提高；二是美国的城市化比率进一步提高；三是随着婴儿潮时期出生的一代人逐步进入老年，劳动力老化的现象越来越严重；四是移民在美国的作用越来越显著。

对建筑业来说，人口变化趋势既是挑战也是机遇。FMI公司负责建筑管理咨询工作的总裁汉克·哈里斯（Hank M. Harris）说，美国的工程建设领域存在巨大的人才缺口。美国的建筑业是推动美国经济增长的引擎，在美国经济中占有重要地位，但很多青年在选择专业时却更青睐法律、金融及高科技产业。因此，大量的美国建筑企业因人才短缺而面临发展难题。对中国公司而言，这是一个很好的合作机会，具有明显人才优势的中国企业可以和美国公司开展广泛合作。

1.2 德国

1.2.1 德国建筑业发展概述

二战期间，由于德国基础设施被严重破坏，在二战结束后的20年内，建筑业成为复兴德国经济和基建的基础行业，并在之后的数年内，成为德国重振经济和重建家园的振兴产业。经历了战后初期的繁荣增长和战略性的结构调整，逐渐形成了建筑产业。其中，以 Hochtief 和 Bilfinger Berger 为首的 9 家建筑公司，以超高的建筑水平、建筑技术，雄厚的资本和强大的融资能力，现代化的技术装备和工业化的生产流程，承担着大型项目的运作和施工任务。当然，中小型的建筑公司在德国仍然遍地开花。

下面主要从市场准入、政府监管、施工规范、施工质量把控、技术及应用和建筑产品生产的组织管理六个方面对当前德国建筑业的发展概况展开描述。

1.2.1.1 市场准入

通常欧盟内的建筑公司，可以自由地参加欧盟内的招标。如果外国企业想要参与招标，需要在当地注册公司，或者和当地的公司成立联合体才能予以投标。德国的招标形式和我国并无特别大的差异，也分为自主招标和邀请招标。与我国不同的是，这里的自主招标，是公开招标的意思，可以自行组织，但是必须面向整个欧盟进行招标。此外，德国自加入欧盟以来，招标法参照使用欧盟统一的招标法。欧盟有一套完整的招标文件，包含企业资审、价格组成和总价核算等，每个投标企业可自行下载。

1.2.1.2 政府监管

德国基于联邦制度，在联邦-州-地区（市/县）三级政府中，每级政府都设有专门的建设主管部门。例如：杜塞区政府的建筑分部受北威州建筑部管辖，同时管辖科隆、埃森、勒沃库森、杜伊斯堡和佐林根等周边区域。各州各市县具有自治权，上级主要承担规划和行政管理的职责。与我国不同的是，德国的设计公司，不仅需要图纸的绘画，而且在建造过程之中，承担一部分施工监理的角色。在建筑材料的选择方面，也十分具有话语权。在图纸设计部分，政府对前期图纸审查十分重视，同时邀请业主参与，提出合理化建议，优化和改进设计方案，最大程度地避免技术环节的缺陷，防止保守设计带来不必要的浪费。

1.2.1.3 施工规范

和我国不同的是，施工规范并不包含在标书里，需要每个企业分别购买，通常为 130 欧元以上。德国遵循 DIN 规范，在建筑领域，德标现在正逐渐向欧标靠拢，但事实上，欧标一定程度上，是采纳了德标标准。比如防火等级，例如石膏板，德标将其列入 A2 级，欧标则列入 A1 级。就某种程度来说，采用欧标，降低了建筑防火的标准。德标不仅对建筑材料的具体成分和构成做出明确规定，而且对于施工做法甚至细致到对接缝的间隔都做出了明确规定，对施工方法、部件搭接、地基种类、模板设计及部件之间的做法，也进行了详细说明。相对于欧标、英标和美标，德标更加严谨、具体。

1.2.1.4 施工质量把控

首先，德国的承包商对工程质量具有强烈的责任感及近乎严格的控制手段。与国内不同的是，德国既没有建筑工程监理，也没有专门的政府建筑工程监督部门。故审查工程师便担任起质量监督的角色，审查工程师代表政府建筑质量管理部门，对图纸和施工质量等进行抽查。建筑材料的使用在德国备受关注，自德国加入欧盟以来，建筑材料的标准已全部改用欧盟统一的标准——CE 认证。审查工程师还需就建筑材料选取和质量进行检验，包括钢筋、混凝土试块和预制架构件和预制件等。大宗建材必须具有欧盟的 CE 认证。CE 认证的标识，是欧盟统一对于进入欧盟产品的一般性要求，是安全认证标志而非质量认证标志。其中，包含厂商标号、产品标号、生产日期简写和欧盟批准生产标号等。例如，杜塞尔多夫区政府，部门 35.7（建筑监管部门）就会对市场出现的产品进行专项检验，同时与产品规范进行比对；若出现不一致，则强令停产或重新更改相关信息。欧盟外的产品若想进入欧盟市场，CE 认证是必须的。此外除政府和相关人员，都需对工程进行检验，德国十分重视人员的质量安全意识，德国各地均有建筑协会，为建筑施工和监管提供大量的咨询工程师。行业自律，也是不可忽视的一环。德国的多元化建筑监管，有很多值得我们学习的地方。

1.2.1.5 技术及应用

德国建筑技术及应用主要体现见表 1-1。

德国建筑技术及应用主要体现　　　　　　　　　　表 1-1

可持续建筑和可持续建筑的辨析评定	自工业革命以来，德国已建立一套相当完善且高要求的工业标准体系，并且在可持续建筑研究和实践领域已有多年经验，技术也相对成熟。顺应时代的要求，德国开始规范本国建筑领域，并编写了自己的可持续建筑认证标准
节能建材的大量使用	在房屋建造前期，德国人就会选择保温、隔热、防水、防火、防腐等一系列的建筑材料进行施工，一步到位
低耗能环保建筑使用及普及	2002 年，德国《能源节约条例》(EnEV2002)要求，建筑物中的能源使用情况要进行量化（包括供暖、空调、热水供应等方面），需建立建筑物的能源认证证书系统。建筑物的能源证书，与家用电器上的能效标签一样，反映了建筑物的能耗属性，另外还包括对建筑物进行节能改造的建议、措施及注意事项等
建筑预制件技术使用广泛	（1）装配式建筑在德国的使用，主要由于德国二战之后，大量建筑被摧毁，急需在短时间内，迅速建造大量所需建筑，装配式建筑自此被广泛推广。预制装配式建筑发展初期，预制混凝土大板使用规模最大。装配式住宅，主要采取折叠板、混凝土和剪力墙结构。 （2）在当今功用型建筑方面，例如高层办公楼和民用型建筑，其对外观的独特性要求不高，且需要在短时间内建成的要求下，预制混凝土大板技术被率先采用。其实，预制件比现浇件更贵，如果离厂家距离远，运费也会相对增加。特别是梁，预制梁板大多都是简支梁而非连续梁，钢筋用量会大幅增加。 （3）由于全部进行批量复制，也导致了个性化降低。业主和私人并不一味追求简洁和快速。更环保、更个性、更经济和高质量的建筑方式逐渐被人们所采用。但是，预制技术仍然未被忽略，但混凝土大板已慢慢不再使用，取而代之的是预制高层钢结构体系和部分建筑模块的预制，比如德国商业银行总部大楼（位于法兰克福），更好地实现了环保、防火和隔声等要求。现在的德国建筑，使用整体预制件的趋势日益减少，预制件和现浇技术的混合使用日益流行。在预制件和现浇件的连接方面（一直是难点），技术也更加稳定和成熟

1.2.1.6 建筑产品生产的组织管理

对于工业化建筑，若仅仅追求设计、生产或施工单一环节的建筑工业化，无疑是一叶障目、不见泰山。德国若没有完整的工业化建筑产业链的支撑，势必无法将各个结构体系如此融洽地应用，不仅影响各环节本身的发展，也会使整个建筑工业化产业无序发展。德国完整的装配式建筑产业链，从建筑实现的流程来看，按研发、设计、生产、施工、运营及维护，可详细表达德国装配式建筑所处的领域与产业化概况（图1-1）。

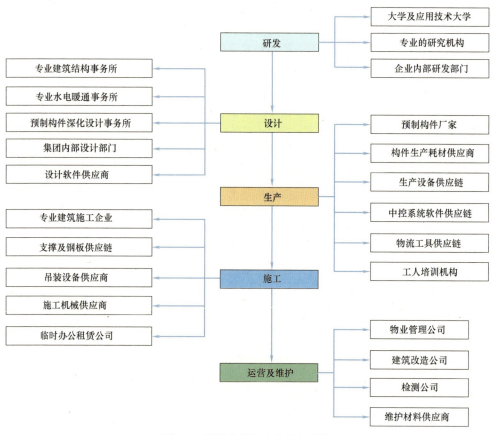

图1-1　德国建筑业产业链各主体

1. 研发

德国在产学研结合方面一直是走在前沿的先进国家之一，在传统建筑行业也不例外，德国在装配式建筑领域的技术和产品研发方面，很多大学和应用技术大学都与有相关产品和技术研发需求的企业或者企业的研发部门保持着紧密合作的关系，企业根据自身产品和技术革新所需的要求，向大学提出联合或委托研究，大学在理论和验证性试验方面具备完整的科研体系，能科学地完成相关科研设定目标，理性地给出企业需要的相关结果。而其他专业独立于大学及企业之外的研究机构，则在材料、力学等方面有着深厚的实用性研究积累，有力地推动了新技术、新产品的发展。

2. 设计

预制装配式建筑的设计在德国也是分工有序，各事务所之间紧密合作。首先建筑事务所牵头与客户对接，然后相关的机电专业如水、电和暖通专业的专业事务所也会受委托进行专项设计，而预制构件深化则是和结构设计结合在一起的，也有分开的情况，例如大型构件集团的设计部门则会单独完成构件的深化，如FDU公司。而各事务所通常采用类似于Allplan平台的设计软件；而相关的产品企业，涉及各个专业的，则会积极开发数字系统融入软件数据库中，方便设计师们进行设计。同时，BIM的原理得到广泛的应用，设计成果不仅仅是图纸还有大量的数据和清单，以方便后期与生产系统以及各企业ERP管理系统对接。

3. 生产

德国强大的机械设备设计加工基础也使得预制构件的生产形式得到了变革式的飞跃发展，板式构件的加工，由于有了像Vollert、Avermann这类专职于做设备加工的企业和Unitechnik、SAA这样的生产控制系统软件的供应商支持，流水作业变为可能，而且摆脱了传统板式构件预制必须具备固定模数尺寸的限制，在不减效的情况下提高自由度，更加能满足个性化的需求。非板式构件的加工，同样受益于机械设备和模具制造厂家的发明创造；长线台的灵活性、预制楼梯和梁柱的多尺寸适应性、固定方式的科学性等，后面站了一大堆家族企业，孜孜不倦地开发新产品并完善技术。因此，随着预制建筑的发展，大批预制构件生产企业也纷纷成立，经历了繁荣也面临着市场需求减少所带来的困境。对于生产所需的预埋件与耗品，接触了才会感叹这个产业链的完善和细分性。从门窗、保温隔热构件、起吊件、套管、电气开关、线盒线管到钢筋制品、化学剂等，都是各自专业的厂家进行供货。而对于构件的运输，特殊的运输车辆也是在这个发展的过程中被车辆供应商结合需求不断地研究开发出来的。最后值得一提的还有在这个生产系统下面的各个厂家的协会，在产品标准、研发、协调等方面，协会起着重要的作用。

4. 施工

德国大多数建筑施工企业，从Hochtief、Zueblin这些大集团公司到地方上的小家族企业，都有着预制建筑的施工经验。Zueblin的某总部办公楼就是预制建筑在德国公共建筑中的经典案例，完成了很多预制建筑领域的创新和施工技术的创新。而像Peri、Doka这类公司则对这些施工企业在工具、支撑、模板等方面给予了莫大的支持。Liebherr这类公司则是在吊装机械方面做着自己的贡献。

同样在施工领域，预制建筑方面也有专门的协会促进着交流与创新。

5. 运营及维护

战后所建的多层板式住宅楼，由于当时的技术条件和建造条件的限制，经历了半个世纪，面临着大量的维修维护和改造。比如西伟德建材集团，他们在德国提供大量改造类项目以及维修维护类项目所需的特殊建材，而新建的复合多功能预制建筑也面临着有效的能源管理、物业管理等，所以专业的物业公司在德国也常常能见到。

今天，德国的建筑业突出追求绿色可持续发展，注重环保建筑材料和建造体系的应用，追求建筑的个性化、设计的精细化。由于人工成本较高，建筑业领域不断优化施工工艺，完善建筑施工机械，包括小型机械，减少手工操作。建筑上使用的建筑部品大量实行标准化、模数化。强调建筑的耐久性，但并不追求大规模工厂预制率。

其建筑产业化体现在：

（1）工厂化：大量构件、部品在工厂生产，减少现场人工作业，减少湿作业。

（2）工具化：施工现场减少手工操作，工具专业化、精细化。

（3）工业化：现代化制造、运输、安装管理，大工业生产方式。

（4）产业化：BIM系统的全面应用，全行业、全产业链的现代化，工业4.0模式。自从德国去年提出工业化4.0的概念后，意味着第三次工业革命的到来，从现有的预制装配式建筑的设计（信息化设计）到构件的生产（数控式的生产）到施工企业的管理（信息化的管理）可以看出，相比其他国家在这个领域，信息化无疑是德国的重要特征。

（5）建筑技术方面：办公和商业建筑的建造技术以钢筋混凝土现浇结构、配以各种工业化生产的幕墙（玻璃、石材、陶板、复合材料）为主；多层住宅建筑以钢筋混凝土现浇结构和砌块墙体结合，复合外保温系统、外装以涂料为主（局部辅以石材、陶板）；联排及独立住宅则由砌体、木结构、少量钢结构常规建造体系，以及工业化生产预制砌体、预制木结构全精装修产品为主；工业厂房、仓储建筑成本控制严格，以预制钢结构、混凝土框架结构配以预制金属复合保温板、预制混凝土复合板居多。

（6）建造体系的选择：经济性、美观性、施工周期、功能性（防火、隔声、维护、使用改造的灵活性、热工舒适性……）、环保与可持续等方面的综合考量，是选择不同建造体系的关键因素。

1.2.2 德国建筑产业化历史

德国建筑工业化的历史也是德国国家的历史。二战后的德国，面临着资源短缺、人力匮乏、住房需求量大等显著问题，一系列制约条件导致了德国建筑业无法再走过去传统的建筑路线，从而转向了发展机械制造、以机械取代人工、智能信息管理的新型建设道路。从钢结构到混凝土结构，从预制混凝土和木结构，发展到至今的混合结构，各种结构体系反映了建筑工业化在德国所走过的路线，尤其是其中的混合结构，可谓提炼了德国多年建筑工业化的精华，融合了混凝土、钢结构、木结构和玻璃结构等，拥有设计简单、结构合理、施工便捷、灵活可变、节能环保、因地制宜、美观大方等多种优势，是德国当今使用最为广泛的结构体系。

在此以德国混凝土材料的发展为例来看德国建筑工业化整体的发展趋势。混凝土在德国的发展历史和三块领域的发展密切相关：混凝土材料本身的发展、预制建筑的需求发展以及人们对混凝土材质审美观念的发展。这三个方面相辅相成。混凝土预制件的种类和形式也随着这三个领域的需求在过去的一个世纪内得到飞速的发展，成为目前应用最为广泛的材料。

1.2.2.1 混凝土预制件的发展伴随着混凝土材料的发展

约瑟夫·阿斯谱丁，英国人，泥水匠。1824年10月21日，他在利兹获得英国第5022号的"波特兰水泥"专利证书，从而一举成为流芳百世的水泥发明人，但其发明的水泥的稳定性无法保证。直到1844年，同为英国人艾萨克·查尔斯·约翰森进行了本质性的改良奠定了今天硅酸盐水泥的发明。1年后，即1845年，德国生产出了人造石楼梯，作为德国的第一个混凝土预制件，从此开启了德国混凝土预制件的历史。以下用大事记的方式来说明德国混凝土预制件的历史：

1845年，德国生产出了人造石楼梯，即德国的第一个混凝土预制件；

1849年，法国园丁约瑟夫·莫尼尔（Joseph Monier）发明钢筋混凝土并于1867年取得包括钢筋混凝土花盆以及紧随其后应用于公路护栏的钢筋混凝土梁柱的专利；

1850—1870年，随着1850年德国制造出第一批硅酸盐水泥，之后的20年，被大量应用到水泥管的制造中；

1870年，随着流动砂浆的配方确定，房屋立面的装饰线条，立柱、栏杆等装饰构件得到大量的生产，屋面的混凝土预制瓦也得到大量的生产；

1878年，普鲁士州颁布硅酸盐水泥的规范；

1890年，德国工程师C. F. W Doehring对自己发明预应力混凝土申请专利；

1903年，德国汉堡建筑公司Juergen Hinrich Magens建立世界上第一个商品混凝土搅拌站，第一次对可运输的"商品混凝土"申请专利；

1907年，用混凝土预制件建造柏林国家图书馆的穹顶；

1912年，John E. Cozelmann用钢筋混凝土预制了多层建筑的所有构件，并为此申请了专利；

1929年，第一条钢筋混凝土马路被修建；

1930年，研发出用于地下工程的有缓凝要求的混凝土；

1940年前后，混凝土预制件也被大量用到军工需要的场所；

1948年，第一座预应力混凝土桥梁在联邦德国被修建；

1954年，新的商混搅拌运输车的发明代替了老的运输工具，全国50%的水泥产量由商品混凝土站来消耗；

20世纪50年代和60年代，民主德国地区和联邦德国工业区制作了战后大量的多层预制板式住宅楼；

20世纪60年代末，德国Filigran公司发明了钢筋桁架，同时也发明了钢筋桁架叠合楼板；

20世纪70年代末，钢纤维混凝土得到大量的应用；

20世纪80年代中期，德国Filigran公司发明了预制钢筋桁架叠合墙板；

20世纪90年代，板式预制构件的流水线设备得到了大力发展。

1.2.2.2 预制建筑的需求促进了混凝土预制件在该领域的发展

预制建筑的需求对混凝土预制件的发展起到的促进作用主要表现在四个方面：

第一，预制房屋方面。对于预制房屋，最早出现在中世纪，那时人们主要使用木材来进行房屋结构和围护的预制，至今大家在德国仍能看到木结构外露的Fachwerk式特色居民。随着20世纪20年代德国包豪斯关于房屋功能块的强化，使得用混凝土预制件来代替有些部件来实现房屋的建造变为可能，在此基础上建立的联邦预制房屋协会在今后的80年中不断地促进其内部成员企业发展壮大，这些企业都有共同的特征：家族私营企业，它们能够敏锐地适应市场需求，通过协会形成合力，不断开发新的房屋体系来适应人们日益增长的需求。混凝土预制件的应用自然也是顺应了人们对品质、效率及功能提升的需求，例如，随着20世纪80年代双面叠合墙板的发明，很多房屋的地下室纷纷采用叠合板体系进行建造，其建造速度大大加快。随着复合功能的预制墙体逐渐开发，以及建筑节能的需求，如今活跃在预制房屋市场上除了木结构的高品质房屋之外，还有大量全预制的混凝土预制排屋和别墅。

第二，预制多层住宅方面。预制多层住宅主要是二战之后，随着经济的复苏、战后重建，以及外国劳工的引入，亟需提供大量的住房，而传统的别墅式多样化的住宅无法满足发展的速度需求，因此单一标准化的预制板式多层住宅楼被大量地设计和建造，极大地促进和扩展了混凝土预制件的设计生产和施工的产业链。这也使得之后的产品升级换代以及生产设备升级换代成为可能和必然。

第三，预制公共建筑及工业建筑方面。公共建筑随着人们的生活及工作需求本身也是在不断的发展过程中，随着钢筋桁架叠合楼板的发明和完善，大多办公楼式的公共建筑采用无梁楼盖式的板柱结构体系，建筑师对这类建筑进行特殊的立面设计也彰显出这类办公楼的美观、大气，大量的建造运用也极大地促进了桁架叠合楼板体系的设计、生产和施工的研究发展。公共停车楼也促进了预制梁柱以及大跨度预应力双T板的大量应用。而工业建筑方面，预制混凝土结构的厂房也是一直延续下来，期间也出现了材料组合多样化，比如预制柱与木结构的预制梁结合，加上钢结构与混凝土的结合。这类多样性的组合也使得很多预制构件的连接方式出现了很多创新。

第四，节能环保方面。随着工业革命后社会生产力的突飞猛进，环境问题的日益显现也引起德国对建筑行业节能减排的重视，并于2001年颁布了第一版节能条例，进一步加快了建筑工业化的研发和应用速度，通过试验和实践将高保温材料、能源存储利用设备、隔声门窗等和预制构件有机整合，以满足节能条例对民用、公用建筑的各项指标。

1.2.2.3 混凝土预制件的表现力与建筑美学的发展

随着新材料和新工艺的不断出现，建筑师们对于建筑的表现力方面有了更多的选择，很多以前无法实现或者实现代价奇高的想法，现在可通过新工艺完成的混凝土预制件来实现。而人们对清水混凝土的喜爱，使得除了现浇清水混凝土外，预制清水混凝土构件也逐渐进入人们的生活。而纤维混凝土的发展也使得薄壳式的、灵活多样的GRC产品受到建筑师的青睐，甚至透光式的混凝土构件也出现在时尚的建筑场所。而高强混凝土的应用，也使得混凝土预制工艺不仅仅在结构体里应用，还应用于摩登的家具、攀岩的墙体、现代的滑轮运动场、生活中的装饰、文具等。建筑师们和工业设计师们，在德国这个对基础材料研究扎实，工艺设计经验丰富，功能与美学并重的国家中，不断地用混凝土预制这个方式给人们创造生活中的美感！

当今德国在建筑工业化的框架下，建筑的表现形式多样化，结构形式和技术路线种类繁多。据德国统计，多数建筑为以工业化模板系统现浇混凝土为基础，结合钢、木、混凝土、玻璃等预制构件所组成的复合体，泛工业化的概念下，比例已达80%以上（表1-2）。

各建筑领域一般应用的建筑形式　　　　表1-2

应用领域	建筑形式
工业建筑和设施	钢结构或复合木结构或预制混凝土结构的大跨度梁柱构件，以及钢结构或预制混凝土的围护墙板、排水沟渠、隔墙系统、楼板屋顶等
百年建筑	钢结构、木结构的梁柱在百年建筑的修葺方面应用广泛
住宅、酒店办公楼	叠合板搭配保温体系，复合多层预制木结构或钢结构梁、钢柱以及各类材料形式的预制楼梯、阳台、平台等

续表

应用领域	建筑形式
别墅、会所	轻钢、木结构、预制清水混凝土，结构安全、美观大方
道桥建设	钢结构、预制混凝土结构道路防护栏，以钢结构和预制箱形混凝土为主的桥梁，甚至木结构桥梁
地下及隧道工程	叠合板式地下车库、地下管道、检查井、盾构管片等

1.2.3 德国建筑行业管理规范体系

德国建筑法律法规主要包括《联邦建设法》《建筑产品法》《州建筑技术法规》等一系列法律法规，它们分别对建设主管部门的职权范围、建设许可、建设产品质量保证等方面作了全面的详细规定。概括来讲，德国建筑法律法规体系构架可分为三个层次，见表1-3。

德国建筑法律法规体系架构　　　　表1-3

层次	名称	性质	发布	主要内容
法律	联邦建设法	联邦法律	联邦议会颁布	城市总体规划、土地利用规划、建房规划等
	州级建设法	州法律	州议会颁布	根据联邦建筑法的规定，结合本地区的实际情况来制定
技术法规	建筑模式法规	各州制定法规的模本	州建设部长联席会议讨论通过，由联邦议会颁布	1. 总则； 2. 建筑用地与建筑物； 3. 实体结构（设计、外观、总要求、产品、技术、部件、楼梯、电梯、紧急出口、管道、电气、HVAC、居室、套房、特殊设施）； 4. 建设活动的有关方； 5. 建筑管理机构和管理原则； 6. 违法制裁
	建筑技术规定目录	建设工程规划、设计、施工的技术规定是各州公布具体技术内容的蓝本	德国建筑技术院起草，州建设部长联席会议讨论通过，提供给各州，由州建设部发布	给出实施建筑模式法规的途径和方法，引用大量DIN标准、欧洲标准和国际标准
	州级建筑技术法规	州法规	本州议会批准，内政部发布	规定建筑物的设计、安全、健康、防火、建筑技术、建筑产品性能、建筑审批及管理方面的要求。以联邦建筑模式法规为模本

续表

层次	名称	性质	发布	主要内容
技术标准	德国标准DIN	德国标准分国家标准和企业标准	德国国家标准主要由DIN制定发布；企业标准由企业、协会/学会等编制	规定技术上如何达到要求，包括尺寸规格、计算方法、实验方法、工艺规程等

1.2.3.1 法律

《联邦建设法》是联邦建筑法律法规的高度概括和促进城市建设的法律，由联邦议会批准，其主要作用是协调各级行政机构的职责和调整建筑业各责任主体的关系。主要内容包括：建设规划准则、建筑开发条例、仲裁、土地管理规定、城市建设的维修措施、城市建设的发展措施、维护手段。但《联邦建设法》不包含建筑工程管理和建筑工程质量的有关条款。

1.2.3.2 建筑技术法规

德国建筑技术法规主要由联邦建筑模式法规、建筑技术规定目录和州级建筑技术法规构成。

1. 联邦建筑模式法规

联邦建筑模式法规由联邦德国建筑技术院（DIBT）和有关专家委员会负责编制，各州建设部长联席会议讨论通过后，由德国联邦议会颁布。模式法规在内容上只作出原则性规定，不提供达到目标的方法手段和定量指标，在效力上不具有法律属性，仅是各州制定建筑法规的模本。

2. 建筑技术规定目录

建筑技术规定目录由联邦德国建筑技术院（DIBT）组织编制，提供了达到建筑模式法规逐条规定的实施途径和方法，大量引用德国标准（DIN）、欧洲标准（EN）、技术认可指南等具体规定，并提供具体标准化文件的名称、编号及条文号，为建筑模式法规的使用提供了技术支持，为各州公布具体技术内容提供了蓝本。

州级建筑技术法规规定，建设工程应遵守州的最高建筑监管机构引进发布的建筑技术规定目录，要求建设产品应是"可用的"，即如果工程是按照建筑技术规定目录设计和施工的，应当在正常的维护保养条件下，在适当的使用期内都满足要求。建筑技术规定目录中的标准或规范主要针对有足够实践经验和完全成熟的产品、材料与工程。然而，对于某些创新性产品及其预期用途，其使用条件在建筑技术规定目录中并无具体规定，需要通过技术认可。

3. 州级建筑技术法规

各州建筑技术法规是德国建筑技术法规的主要内容，其以联邦建筑模式法规为统一模本，结合各州具体情况而制定，由州议会批准，在本州内强制执行。德国建筑技术法规的主要内容包括管理要求和技术要求两个部分。管理要求包括

"建筑活动的有关方""建筑管理机构和管理原则""违法制裁";技术要求包括"建筑用地及建筑物"。

州级建筑技术法规分为正文和附件两个部分。正文部分对建筑物的设计、安全、健康、环保、防火及建筑技术、建筑产品性能和建筑审批程序以及管理方面作出规定,附件则是规定为达到正义的内容需要而采用的建筑技术标准;正文由各州议会批准,而附件则由各州建设部长批准。

需注意的是,建筑技术法规无论是正文还是附件都没有规定违反法规应受到的处罚,只规定了为保证法规的实施应当采取的措施。法规必须得到执行,不执行就不能开工,如工程项目应经过政府的设计审查、施工检查、产品认证等。

作为欧盟成员国之一,德国建筑技术法规必须同时符合欧盟新方法指令、建设产品条例等法律法规的要求。

1.2.3.3 建筑技术标准

德国建筑技术标准主要由标准化机构 DIN 负责制定、发布和管理,主要内容包括:①实现建筑技术法规规定的强制性目标、功能陈述和性能要求的途径与方法;②工程勘察、设计、施工、测试、验收和使用中的非强制性技术要求及其实现的途径和方法。

德国建筑技术标准属于技术文件,自愿采用,但经建筑技术法规或指令性文件引用后的标准和条款就具有法律效力,应强制执行。约有 20% 的 DIN 标准被德国的法律法规引用。同时,建筑法规可能采用 DIN 标准中大部分内容,对不采纳的内容则在法规附件中说明。

德国建筑行业法律法规体系有以下特点:

(1) 德国将实施技术法规和技术标准,与以贯彻强制性技术要求为主的市场准入制度有机结合,最大程度地保证了产品和工程质量。一方面,通过技术法规、标准的实施提高产品质量、工程质量和服务质量;另一方面,通过建立包括认证、检验和检测制度在内的合格评定程序,评估法规标准实施绩效,对标准执行进行有效监督。

(2) 为构建高效率的法规监督、检查体制,弥补政府力量的不足,德国注重发挥民间力量,其标准实施委员会的会员代表有来自企业中的标准化负责人、标准工程师,也有大学方面的代表。

(3) 以立法的形式对建筑产品质量进行规范管理。德国《建筑产品法》规定,进入该国或该地区市场的企业、产品等遵守、符合相应的标准。通过把关键的标准、规范直接升级为相应的法律法规文件,以此要求执行,从而赋予标准、规范文件一定的地位。

1.2.4 德国建筑业发展的经验总结

推动德国建筑工业化发展的原因:

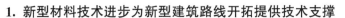

1. 新型材料技术进步为新型建筑路线开拓提供技术支撑

新型材料的出现为建筑方式提供了更多的选择，诸如混凝土技术的不断发展和出新，为混凝土预制件的发展提供了可能。

2. 传统建筑路线供给能力无法满足住房需求

二战后的德国，面临着资源短缺、人力匮乏、住房需求量激增等显著问题，一系列制约条件导致了德国建筑业无法再走过去传统的建筑路线，从而转向了发展机械制造、以机械取代人工、智能信息管理的新型建设道路。

3. 建筑需求变化促使建筑的个性化、经济性、功能性和生态环保性能的综合平衡

二战之后，经济基础水平相对落后，大板式建筑功能基本合理，拥有现代化的采暖和生活热水系统、独立卫生间等，较好地满足人们的住宅需求，同时政府的有效补贴，有效促进初期单一模式的大板式建筑的发展；随着经济发展水平的提高，大板式建筑缺少个性，难以满足今天的社会审美要求。装配式不再追求高装配率，而是通过策划、设计、施工各个环节的精细化优化过程，寻求项目的个性化、经济性、功能性和生态环保性能的综合平衡。

4. 完备的建筑业法律法规体系为建筑业发展提供了良好的环境

德国从"法律—法规—技术标准"三个层次完备的建筑行业管理法规体系，与以贯彻强制性技术要求为主的市场准入制度有机结合，最大程度地保证了产品和工程质量，为建筑业的发展提供良好的市场和政策环境。

5. 产业链式的集成管理模式为建筑业快速适应市场变化提供了保障

建筑工业化在德国已历经了近半个世纪的探索和实践，积累了系统化的涵盖预制建筑产品设计、工程设计、生产工艺、物流运输、施工安装、配套产品供应、职业培训到软件和信息化工具等全产业链的科技成果，以及设备集成和施工经验优势，并形成了专业细分的供应链。从建筑组装到产业集成，颠覆的不仅是营造方式，也是对建筑产业的认知。建筑业不再是你设计我施工的传统模式，需求在变、资源在变、整体市场在变，全产业链各环节有效互动、相辅相成的模式才能适应未来市场，而成本的减少并非主要目的，通过全产业链形成的产品附加值才是核心竞争力，才是建筑工业化所带来的真正优势。

1.3 英国

1.3.1 英国建筑业发展概述

英国是世界第一个工业化国家，其建筑业主要是房屋、住宅建设。19世纪后期，随着工业化与城市化的快速推进，广大城镇劳工阶级的居住条件日益恶化。在工人运动、合作运动、社会福利法的设立以及霍华德田园城市的影响下，工人的居住条件得到了改善，集合住宅也随着城市化的进程快速发展。到20世纪中叶，大量住宅在战争中被毁坏，城市面临着艰难的战后重建工作，同时战后早期工党执政，欲将英国建设成"福利国家"，使得这一时期成为英国住房建设的高峰期。

1970年代以后，英国面临着二战后最严重的经济衰退，大规模住宅建设和维修使得政府的负担过重。同时，多年的住宅集中建设使得住房紧缺问题得到一定的缓解。随着撒切尔政府的上台，住宅的政策发生变化，住宅政策从以政府干预为主变成了以市场导向为主。在这个时期，住宅工业化的设计和建造呈现出多元的发展趋势。在建筑设计方面，建筑师们摒弃了"国际式"建筑风格，在建筑创作中进行了新的探索，住宅建筑的建造出现了人性化、多元化的局面；在建造技术方面，工程师们致力于开发新产品和新技术，提高建设质量、加快建设速度、贯彻工业化、智能化和可持续发展的理念。英国工业化住宅设计与建造特点可以从以下两个方面进行描述：

1.3.1.1　建筑工业由标准化向个性化、精致化转变

随着工业化的迅速发展，住宅设计进入了快速发展的新时代。住宅工业化可以借助工业机械，采用工厂预制现场拼装的方法高效地完成施工过程，但这种方法经常被认为是过于机械、冰冷而缺少变化和美感的。

在对新技术的运用方面，工程师和建筑师通力合作，并没有因为采用了工业化的建造方式而使得建筑的面貌千篇一律，而是将先进的技术作为设计和建造的有效手段，重视住宅的舒适、美观；在应对复杂的环境和多变的因素方面，设计者强调公众参与，整合可用的资源，协调复杂的因素，最终实现整体和自身的和谐统一；在设计和建造的品质上，设计者越来越注重住宅的多样性和人情味，无论是材质的选择还是细部的处理，无不将舒适的居住条件作为重要的设计原则。

英国的住宅工业化并非单纯追求高技术和高效率；事实上，设计者追求的是运用工业化手段，采用居民切实需要并负担得起的适宜技术，因地制宜、巧妙结合并利用外部环境条件，重视每个细节，从而提高建筑质量，营造宜人的居住环境，引导更健康的生活方式。

1.3.1.2　新型节能建筑材料的大量使用

在建筑构造上，使用高效的保温隔声材料，单元朝向的设计使建筑能够获得最充足的日照，屋顶绿化系统集美观和低能耗为一体，这些措施使得建筑的标准超过当前的能源效率规范，并为居民提供了可负担得起的取暖措施，同时展现了建造方式的创新，一个预制的承重钢体系将大规模的冷轧板、大规模的热轧元素、三维立体的模块建造整合起来。

1.3.2　英国建筑产业化历史

英国建筑工业化的历史可以追溯到20世纪初。

一战结束后，英国建筑行业极度缺乏技术工人和建筑材料，造成住宅的严重短缺，急迫需要新的建造方式来缓解这些问题。1918~1939年间，英国总共建造了450万套房屋，其间开发了20多种钢结构房屋系统，但是由于人工和材料逐渐充足，绝大多数房屋仍然采用传统方式建造，仅有5%左右的房屋，采用现场搭建和预制混凝土构件、木构件以及铸铁构件相结合的方式完成建造。当时英国规模化、工厂化生产建筑的建筑规模小、程度低。

二战结束后，英国住宅再次陷入短缺，新建住宅问题和已有的贫民窟问题共同成为政府的主要工作重点。英国政府于1945年发布白皮书，重点发展工业化制造能力，以弥补传统建造方式的不足，推进自20世纪30年代开始的清除贫民窟计划。此外，战争结束后，钢铁和铝的生产过剩，其制造能力需要需求多样化的发展空间。多方因素共同促进了英国建筑行业向预制化方向发展，大量装配式混凝土、木结构、钢结构和混合结构建筑开始建造。

20世纪50~70年代，英国建筑行业朝着装配式建筑方向蓬勃发展。这其中，既有预制混凝土大板方式，也有采用轻钢结构或木结构的盒子模块结构，甚至产生了铝结构框架。

20世纪60~80年代，建筑设计流程的简化和效率的提高，使得钢结构、木结构以及混凝土结构体系等得到进一步发展。其中，以预制装配式木结构为主，采用木结构墙体和楼板作为承重体系，内部围护采用木板，外侧围护采用砖或石头的建造方式得到广泛应用。木结构住宅在新建建筑市场中占比一度达到30%左右。

20世纪90年代，英国住宅的数量问题已经基本解决，建筑行业发展陷入困境，住宅建造迈入提高品质阶段。这一阶段，工厂化建筑的发展主要受制于市场需求和政府导向。政府导向方面主要倡议"建筑反思（伊根报告）"的发表以及随后的创新运动和住宅论坛，引起了社会对于住宅领域的广泛思考，尤其是保障性住房领域，公有开发极力支持倡议所指导的方向和行动，着手发展装配式建筑。与此同时，传统建造方式现场脏乱差以及工作环境艰苦的影响，导致施工行业年轻从业人员锐减，现场施工人员短缺，人工成本上升，私人住宅建筑商亦寻求发展装配式建筑。

21世纪初期，英国非现场建造方式的建筑、部件和结构每年的产值为20亿~30亿英镑（2009年），约占整个建筑行业市场份额的2%，占新建建筑市场的3.6%，并以每年25%的比例持续增长，预制建筑行业发展前景良好。据称，当时英国有210万欧盟移民。2015年有80万人进入英国，人数远超预估。预制房屋可以在1d内组装完成，且安置到固定地点只需48h，并具有潜在的成本优势。政府正在思考一系列通过现代材料和建筑技术进行非现场施工的方式。

1.3.3 英国建筑行业管理规范体系

完备的英国建筑行业管理法规体系有效保障和推进了英国建筑工业化的发展。

英国建筑业法规体系分为三个层次。

1. 第一层次：法律层次

法规体系中第一层次是"法律"，它具有最高法律效力，一般由议会或由议会授权的政府或社团机构指定，并报议会审议通过。与建筑业密切相关的主要法规包括：《建筑安全法》（1974版）、《建筑法》（1984版）、《建筑工程法》（1998版）、《建筑师注册法》、《新城镇法》、《城镇规划法》、《建筑团体法》（1997版）、《建筑师》（1997版）、《住宅法》（1996版）等。

2. 第二层次：实施条例

第二层次是"实施条例"，由政府、行业协会或学会制定，并经议会审定通过。"实施条例"制定的依据是根据"法律"中某些条款的授权，对"法律"条款进行更加详细的解释或规定，以便于"法律"的实施。如根据《建筑安全法》（1974版）某些条款的授权，分别制定了《建筑设计与管理条例》（1994版）、《事故报告条例》（1995版）、《建筑健康安全与福利条例》（1996版）等。

3. 第三层次：技术规范与标准

第三层次是"技术规范与标准"，绝大多数由政府委托建筑业行业协会或学会编制。政府某些部门也设有一些固定机构，负责编制一些专业性不是特别强的规范与标准，这些技术规范与标准有些是必须遵守的，有些是可选择遵守的，建筑业参与各方可以根据自己的具体情况和条件自行选择，还有部分是指导性质的，仅供建筑业参与各方参考。

4. 英国建筑业管理法规体系特点

（1）建筑业管理法规体系分为三个层次：法律、实施条例、技术规范与标准，其编制先后顺序为：法律—实施条例—技术规范与标准；

（2）法律由议会或议会授权机构制定，实施条例由政府或政府授权的行业协会或学会制定，技术标准与规范由行业协会或学会制定；

（3）建筑业管理法规体系非常严密，有关政府对建筑业的管理都有明确的法规进行规定；

（4）建筑业管理法规的编制单位或人员不仅对建筑业管理非常熟悉，而且精通法律及法规的编制；

（5）建筑业管理法律体系完整，具有较好的可执行性及操作性。

1.3.4 英国建筑业发展的经验总结

推动英国建筑产业化各阶段发展的原因：

1.3.4.1 建筑供给能力不足推动预制式工厂化、规划化的建筑方式转变

一战结束后，英国建筑行业极度缺乏技术工人和建筑材料，造成住宅的严重短缺，急迫需要新的建造方式来缓解这些问题；二战结束后，英国住宅再次陷入短缺，新建住宅问题和已有的贫民窟问题共同成为政府的主要工作重点；当前，现场施工人员短缺，人工成本上升。一战及二战后的住宅短缺现状以及人工成本上升，导致传统建设模式的供给能力不足，这为建筑设计流程的简化和效率较高的建筑工厂化、规模化的发展提供了机遇及动力。

1.3.4.2 建筑需求品质变化以及政府导向推动工业化的建筑模式偏重于保障房领域

一方面，随着英国住宅的数量问题已基本解决，建筑行业发展陷入困境，住宅建造迈入高品质阶段；另一方面，在保障性住房领域，政府公有开发极力支持倡议所指导的方向和行动，着手发展装配式建筑，以发挥规模化效应，推动装配式建筑在保障房领域蓬勃发展。

英国建筑工业化发展的启示：

（1）完备的建筑业法律法规体系保障建筑业良好发展。英国所建立的"法律—实施条例—技术规范与标准"三个层次完备的建筑行业管理法规体系，为建筑业的发展提供了良好的政策环境和技术规范。

（2）建筑产业化的发展需要政府主管部门与行业协会等紧密合作，完善技术体系，促进建筑工业化的落地。

1.4 日本

1.4.1 日本建筑业发展概述

日本共有56万家从事建筑的企业，其中资本金在一亿日元以上的仅占1.1%，也就是说98.9%是中小企业。像五巨头（鹿岛建设、大成建设、清水建设、大林组、竹中工务店）这样的企业都具有100年以上的历史，在全世界范围都有项目，也代表了日本乃至世界的建筑水平。随着日本公共设施完备，住房占有率上升。在政府投资和民间投资一起缩减的状况下，日本建筑业竞争十分激烈，平均利润率只有3.2%。一些企业面临倒闭或裁员。著名的飞岛建设、五洋建设均有裁员重组现象发生。1995年，清水建设员工数为12172人，目前仅剩9000人左右。平成4年政府投资84兆亿日元，平成15年减少到52.5兆亿日元，原本急速发展的建筑业不得不裁减人员。

1.4.1.1 建筑市场准入管理

据了解，日本建筑业实行的也是市场双准入制度管理方式，即建筑企业和从业人员双准入，企业需要取得建筑资质和从业人员需要取得执业资格，才能在建

筑市场从事相关业务,这与我国建筑市场现行管理方式类似;不同的是日本的建筑企业资质没我国分得那么细,资质类别没有那么多,日本共有28类。

1.4.1.2 建筑市场专业化分工

虽然日本建筑业也实施以资质管理为核心的市场准入管理,也有如同我国的总承包公司和专业承包公司,不过通过市场化竞争,其专业化分工非常明晰,相关企业已建立了在其专业领域的竞争优势,不太会出现国内的恶性竞争情况。

1.4.1.3 建筑企业和项目管理

日本企业管理以精细化而著称,处处都彰显出标准化,支撑企业和项目管理标准落地就是信息化建设,日本企业信息化建设的特点与欧美不同的是,其软件产品一般都是自主开发,建筑企业的信息化相关人员总数一般能达到公司总人数的5%。

1.4.1.4 建筑生产方式

日本1968年提出装配式住宅的概念,1990年推出了采用部件化、工业化生产方式,高生产效率、住宅内部结构可变、适应居民多种不同需求的"中高层住宅生产体系",经历了从标准化、多样化、工业化到集约化、信息化的不断演变和完善过程。目前,日本住宅建设的80%以上都不同程度地是采用了预制构件的装配式住宅。

1.4.1.5 日本住宅装修

日本住宅装修已全面实现产业化,都是完成装修后交付给业主,没有毛坯房的概念,没有个人购房自己装修的,购房时装修基本上是已完工的。外墙瓷砖不是一块块贴上去的,而是在工厂内生产好一块墙面,整体贴上的;卫生间的洗漱面盆、浴缸、地面瓷砖等也是作为工厂生产的一个综合套装成品,直接运到现场安装完成。

1.4.1.6 日本建筑企业运作模式

日本建筑企业的运作模式有如下一些特点:

(1)所有项目都是项目直营。

(2)项目部管理人员由公司派遣。

(3)公司对项目都实施目标管理和预算管理。

(4)材料统一采购和配送。

(5)项目经营的作用主要是生产管理,包括协调合作单位、组织生产、在预算范围内完成公司制定的目标。项目风险由公司承担,项目经理的积极性除来自薪水外,主要是事业心和"爱社会",即敬业精神、认真负责的态度。

(6)公司总部拥有强力的管理和支持能力,从而对分公司和项目施工人员进行了有效的精简。

1.4.2 日本建筑业产业化历史

1.4.2.1 初始阶段——模仿

日本位于火山地震频发地带，森林覆盖率高，有充足的木材资源。日本与中国一衣带水，历史上日本一直向中国学习，在建筑方面，主要学习以木材为主要材料营建房屋的技术。明治维新以后，日本朝野一致将目光转向西方，学习以砖石为主要材料的拱券建造结构。开始，日本人无从下手，只好先求"形似"。用木头替代石材搭建，选样的房屋称作"拟洋风"木屋。我们从清水喜助设计的东京筑地旅馆（1868年，明治元年，如图1-2所示）就可以看到。虽然这时的建筑风格似是而非，模仿得也很不得要领，但是在建筑领域，日本人已经坚定地迈出向西方人学习的步伐。

图1-2 清水喜助设计的东京筑地旅馆

1870年，日本政府成立主管全国的建筑计划工部省，吸引西方建筑人才。早期最杰出的技术人员是英国测量工程师沃特尔斯（T.J.Waters），他于1868年来到日本，主持建造大阪造币寮（1871年，如图1-3所示）等房屋。沃特尔斯不是职业建筑师，从造币寮的立面处理中就能发现，桩子的比例与整体的关系欠妥当，卷杀做得也很僵硬。然而沃特尔斯熟悉砖砌体的构造方法，并撰写《砖建筑法则》（Brick Architectural Methods）和《建筑方法》（Building Method）两本书。1872年适逢东京银座遭遇火灾，沃特尔斯主持重建工作，将原来的木结构建筑改建成两层的砖石建筑（1878年，如图1-4所示）。一时间，日本各地的工人纷纷来银座实地观摩学习,然后回到家乡推广传播新技术。以前,由木工师傅为主的建筑制度,正悄然发生变化。在沃特尔斯时代,日本人学会了以砖墙承重的结构技法,并初步了解西洋古典建筑法则。

图 1-3　沃特尔斯设计的大阪造币寮　　　图 1-4　沃特尔斯设计的银座炼瓦街

日本人知道单纯依赖西方人才,不是解决问题的根本方法,因此加紧自己的人才培养计划,采取"请进来"和"走出去"双管齐下。1871 年,日本派出了第一个规模大、阵营强、由政府首脑人物组成的赴欧美各国的使团——岩仓使节团。有目的地学习西方近代化的经验,历时一年零十个月,访问美、英、法、荷、德、俄等十二个国家,集中考察了欧美先进的资本主义制度,探索富国强民之路。他们抱着实用主义的态度,对外国的经验样样都学,从日本实际出发,兼收并蓄。

1877 年东京大学创办之初,聘请欧美教师,实行和欧美大学相同的教育模式。英国建筑师康德尔(J. Conder,1852—1920)应邀主持工部大学校造家学科(东京大学工学部建筑工程科之前身)教学工作。康德尔的教育以砖石结构为基础,忠实模仿西洋建筑风格,为日本培养第一批掌握西方建筑艺术与建造技术的专业人才,如片山东熊(1855—1917,1884 年在北京主持日本公使馆建筑工程),曾弥达藏(1852—1937)和辰野金吾(1854—1919)等著名建筑师。1887 年,日本从德国引进造砖生产线,砖生产开始工厂化。日本人在四五十年的时间内,完成对西洋古典建筑的全面掌握。

虽然日本人不遗余力地向西方人学习,慷慨地给予外籍专家高额薪水,但是警惕性却从未松懈。1884 年,辰野金吾留英归来,接替康德尔主持东京帝国大学造家学科,开始日本人执掌教鞭的时代。1885 年,日本政府关闭主管建筑设计的工部省,促使外籍建筑师离开日本,建设项目转由刚出校门的青年人承担。1886 年,日本人自己的造家学会成立,正式开始日本建筑师独立工作的时代。1887 年以后,日本人以各种手段,逐渐收回曾经由西方人掌控的重要部门。我们仅从东京大学理学部的统计数据即可窥豹一斑,1877 年外籍教师占 80%,到

1885年降到15%，仅用八年左右的时间，便改变了外籍教师占主导地位的状况。

当时，日本社会正在反思明治维新以来全面学习西方的利害得失。日本思想家福泽谕吉特别针对社会上普遍流行的"西洋文化优越，日本文化落后"观念，提出日本应该走"和魂洋才"之路。所谓"和魂"，指大和民族精神，"洋才"指西方物质文明。两者结合就是既要学习西方科技，又要保持日本传统。这点类似中国19世纪末洋务派提出的"中学为体，西学为用"的主张。福泽谕吉的"和魂洋才"得到许多知识分子的拥护，其中很多人是从小接受西方教育的学者，他们身体力行地支持，一方面不遗余力地传播西方文化，另一方面穿和服、说日语，以日本传统文化的守护者自居。在部队里军人们也一样，虽然按照西式方法训练、装备，但不影响他们在精神上以日本武士的道德标准来衡量，在形式上也要如武士般佩刀。

在这种氛围下成长起来的日本第一代建筑师使命感强烈，当他们掌握西方建造技术之后，自然不满足于学习和模仿，思考如何赶超西欧，完成日本建筑现代化的梦想。建筑界的领军人物辰野金吾就是这样，他明确提出建筑也要走"和魂洋才"之路，希望在建筑上实现西方技术与日本精神的融合。然而，主观愿望与实际操作终归有一段距离。事实上，辰野金吾深受康德尔和英国教育的影响，难以自拔。在他参与完成的近200件作品中，几乎全部是西方复古主义建筑。

20世纪初，伴随着新材料、新技术的引入，日本追溯西方流行动向，开始设计、建造简约的功能主义建筑。在许多学者看来，这是一种新的西方建筑风格。1910年，适逢日本国会议事堂的设计建造，围绕应该采取什么样式的问题，日本建筑学会主持日本建筑向何处去的大讨论，提出建筑样式是否应该继续向西方一面倒，是否应该确认日本与西方之差别？虽然1936年建成的国会议事堂（图1-5）仍然是一座洋风建筑，但是这一"事件"在日本现代建筑发展史上意义重大，影响深远。它说明建筑界整体，而不仅仅是少数精英，开始反思明治维新以来"全盘西化"的倾向，开始逐步树立信心，寻找未来的发展方向。

图1-5　大藏省议院建筑局设计的国会议事堂

图1-6　川元良一设计的军人会馆

1925年德国表现主义大师布鲁诺·陶特（BrunoTaut，1880—1938）访问日本，当他看到日本神社时非常激动，因为他发现日本传统的木结构柱梁体系与西方现代的钢筋混凝土框架结构体系有许多契合之处。布鲁诺·陶特的推崇极大地激发了日本民族主义情感，从某种程度上说，直接推动了1930年代日本出现的"帝冠式"建筑风格。所谓"帝冠式"建筑，就是在简洁的西方现代建筑之上搁置日本传统的大屋顶。建筑师希望借此表达传统与现代、日本与西方的融合，川元良一设计的军人会馆（图1-6）是这种风格的典型代表。长久以来，"帝冠式"建筑在设计界评价不高，认为是一种简单的结合、草率的妥协，甚至是一种复古式倒退。然而，相对于前期"和魂洋才"等理论上的提出，"帝冠式"至少给出了一种建筑化的解读。日本现代建筑始于1868年明治维新，日本建筑开始仿效西欧，由原先的木结构逐渐转变为砖木混合或砖石结构的"洋风建筑"，如大藏省营缮局设计的日本国会议事堂（图1-7）以及片山东熊设计的赤坂离宫（图1-8），严格按照西方的比例尺度以及构造做法建造，具有纯正的西方血统；那时起，西方的赖特、密斯以及柯布西耶等建筑大师开始对日本建筑界产生影响，如赖特设计的东京帝国饭店（图1-9），运用传统日本的缓坡大屋顶，加上厚重的墙面石材以及丰富的建筑细部，成为经典之作。

图1-7 大藏省营缮局设计的日本国会议事堂

图1-8 片山东熊设计的赤坂离宫

1.4.2.2 起步阶段——积累

这一阶段是日本战后经济恢复阶段，房荒严重，建筑以解决基本的居住问题为主，于是开始大量建设。该时期最为活跃的建筑师有丹下健三、前川国男、村野藤吾等，同时日本出现大量厅舍建筑，在这些厅舍建筑里面很容易找到他们在向西方学习的同时努力探索自身民族风格的痕迹。如丹下健三设计的广岛和平纪念馆、资料馆，以竖向条窗作为立面的基本构成单元，底层架空处理，显得轻盈剔透、简洁大方；前川国男设计的神奈川县图书馆以镂空的方形砖作为立面构成单元，也是对于新材料、新技术的大胆尝试；香川县厅舍将传统的挑梁截面融入

图 1-9 赖特设计的东京帝国饭店

立面设计当中,既传统又现代。

1950 年的朝鲜战争使美国改变策略,转而扶持日本工业发展。经济腾飞伴随民主改革给日本的社会生活带来巨大影响,1954 年学术界再度展开关于传统问题的大讨论,讨论如何看待日本传统,如何看待外国文化的引进和消化。永井道雄在《日本的大学——产业社会里大学的作用》一书中明确指出:"明治以后发展起来的模仿文化已经完成了历史使命,能否赋予这个文化体系以新生命,则是我们今天所面临的问题"。永井道雄是一位学者出身的文部大臣,他早年留学美国,后多次出访欧洲各国,对欧美社会、历史、教育等各方面了解深入。这样的背景让他能够从社会的全局出发看待学术问题,同时又能站在学者的高度发现日本的社会问题。永井道雄各种关于现代化与西方文化关系的论述对日本社会影响深远。在应付战后民用建筑的大量需求之后,丹下健三逐渐意识到国际主义单调刻板,缺乏人情味,与精致、细腻的日本传统审美原则相违背,丹下健三等一批建筑师开始注意现代建筑中的多元化倾向,探索国际主义风格与民族传统相结合的可能性。

1.4.2.3 发展阶段——融合

经过 1945～1960 年的经济恢复阶段,1960 年日本的国民生产总值(GNP)达到人均 475 美元,具备了经济起飞的基本条件。随着经济的高速发展,日本的人口急剧膨胀,并不断向大城市集中,导致城市住宅需求量迅速扩大。而建筑业又明显存在技术人员和操作人员不足的问题,因此,为满足人们的基本住房需求,减少现场工作量和工作人员,缩短工期,日本建设省制定了一系列住宅工业化方针、政策,并组织专家研究建立统一的模数标准,逐步实现标准化和部件化，从而使现场施工操作简单化，提高质量和效率。该时期日本通过大规模的住宅建设满足了人们的基本住房需求。1960年，日本政府制订了新住宅建设五年计划，1971年再次制订了第二期住宅建设五年计划。在1960～1975年的15年间，共计划新建1830万户，平均每年新建120万户左右。

根据1968年的住宅统计调查，日本的总户数已达到了一户一住宅的标准，人们的基本住房需求得以满足。大规模的住宅建设，尤其是以解决工薪阶层住房为目的的大规模公营住宅建设，为日本住宅产业的初步发展开辟了途径。

这一时期，建筑创作活动丰富，建筑思潮活跃，优秀作品以及新的理论频频出现。许多日本建筑师试图将东西方科技文化进行融合，并在彼此交融中找到自身的定位。如前川国男设计的东京文化会馆内设一大一小两个音乐厅，外形采用反卷的混凝土檐口，显得厚重、简洁，又不自觉地让人联想到传统东方的大屋檐；丹下健三设计的代代木国立竞技场采用悬索结构，内部空间经济适用并富于变化，外部形式既有东方的灵动又有西方的现代主义精神。

其中，1964年日本迎来了一个好机会——第一次举办国际奥林匹克运动会。在奥运场馆的建设中，日本政府将机会留给本土建筑师。经过长期的思考和积累，丹下健三赢得东京奥运会主会场的设计任务。主会场由两个体育馆组成，第一体育馆是两个相对错位的新月形，第二体育馆是螺旋形，两馆南北呼应。体育馆技术上采用悬索结构的大屋顶，形式上结合日本神社的传统特征以及日本船舶的装饰细节。东京奥运会场馆既是国际化的，又是民族性的，两者完美的融合，让世界耳目一新。建筑界公认，东京代代木体育馆是日本现代建筑达到国际水准的标志（图1-10）。奥运会之后，丹下健三获得国际奥委会功劳奖，这一奖项此前从未授予过建筑师。1965年，沙特阿拉伯国王委托丹下健三设计利雅得、吉

图1-10　丹下健三设计的东京奥林匹克运动会场馆（1964年）

达和石油基地达哈莱三个城市的一批体育建筑。从此，国际项目接连不断，丹下健三实现了前辈建筑师的愿望，让日本的现代建筑在国际舞台上拥有一席之地。

1.4.2.4 巩固阶段——创新

20世纪七八十年代，日本的工业、经济和科学技术已居世界前列，因能源危机影响，迫使建筑师在运用新材料、继承传统、创造新形式方面进行了大胆的探索，并逐渐找到独具一格的创作之路。日本建筑学界也呈现出百花齐放的格局。大部分世界闻名的日本当代建筑师在这个阶段崭露头角，如建筑家安藤忠雄将建筑哲学、光影空间、清水混凝土应用到了极致，并产生了许多具有设计思想的代表作，其中包括住吉的长屋、京都的TIMES等。

这一阶段，日本人口爆炸式膨胀，住宅户数超过家庭户数。1976年，日本提出10年（1976—1985年）建设目标，达到一人一居室，每户另加一个公用室的水平。日本的建筑工业化从满足基本住房需求阶段进入完善住宅功能阶段，该阶段住宅面积在扩大，质量在改善，人们对住宅的需求从数量的增加转变为质量的提高。20世纪70年代，日本掀起了住宅产业的热潮，大企业联合组建集团进入住宅产业，在技术上产生了盒子住宅、单元住宅等多种形式，并且为了保证产业化住宅的质量和功能，设立了工业化住宅质量管理优良工厂认定制度，并制定了《工业化住宅性能认定规程》。该规程规定申请认定的对象应是具备以下条件的工业化建造住宅：具有独立生活所需的房间和设备；价格适中，一般居民可以负担；符合《建筑标准法》和其他有关法令；适宜大批量生产并易于施工的工法建造，具有可靠的质量；具有良好的市场，建成一年以上的同类型的住宅超过100户。这一时期，产业化方式生产的住宅占竣工住宅总数的10%左右，平面布置也由单一向多样化方向发展。在推行工业化住宅的同时，20世纪70年代重点发展了楼梯单元、储藏单元、厨房单元、浴室单元、室内装修体系以及通风体系、采暖体系、主体结构体系和升降体系等。到20世纪80年代中期，产业化方式生产的住宅占竣工住宅总数的比例已增至15%～20%，住宅的质量功能也有了提高。日本的住宅产业进入稳定发展时期。

1.4.2.5 高品质阶段——回归

20世纪90年代初至今，由于泡沫经济的破灭，日本现代建筑开始进入创作低潮阶段，日本建筑师开始反省并沉淀下来，开始真正回归自身的民族精神。其中，最令人瞩目的是妹岛和世与西泽立卫的SANAA组合，如1999年设计的金泽21世纪美术馆，以类似飞碟的形式仿佛从天而降，并以此跟金泽古城的传统气息形成对比，打破一味沉闷的传统气息。2003年设计的表参道Dior大楼将极简主义发展到极致，追求纤细柔韧、轻盈巧妙、平面化、抽象、纯净空灵以及与大自然充分融合接触的真正代表自身民族精神的设计。2010年，SANAA组合获得普利兹克奖，这代表日本现代建筑在寻找自身的发展之路上取得的成就得到了世界公认。1999年谷口吉生设计的东京国立博物馆，2000年伊东丰雄设计的仙台市民图书馆（仙台媒体中心），也因为新颖的设计理念以及全新的结构取得了巨大成功。

这一阶段，日本几乎已经没有采用传统手工方式建造的住宅了，全部住宅都采用了新材料、新技术，而且在绝大多数住宅中采用了工业化部件，其中工厂化生产的装配式住宅约占20%。到20世纪90年代，采用产业化方式生产的住宅占竣工住宅总数的25%～28%。1990年，日本推出了采用部件化、工业化生产方式、高生产效率、住宅内部结构可变、适应居民多种不同需求的"中高层住宅生产体系"，住宅产业在满足高品质需求的同时，也完成了产业自身的规模化和产业化的结构调整，进入成熟阶段。根据日本总务省统计局数据，截至2008年，日本集合住宅占全部住宅总数的42%，其中木结构占集合住宅总数的13%左右。从图1-11～图1-14可以看出，近年来日本高层装配式住宅的比例逐年提升。

图1-11　日本装配式住宅发展情况

图1-12　日本高层装配式住宅发展情况

1 国内外建筑业发展历程

图 1-13　不同层高装配式住宅比例发展

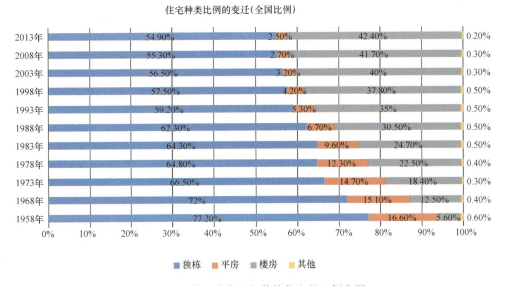

图 1-14　装配式住宅与传统住宅的比例发展

自 1868 年明治维新开始，日本现代建筑历经 142 年的发展后，逐渐摆脱了西方强势文化的束缚，找到了自身的建筑之路，在现代建筑历史上添加了精彩的一页。我国目前正经历同样的发展历程。日本文化属于东方汉文化圈的一部分，他们所取得的成果对于我们探索自身民族建筑之路具有借鉴意义。

1.4.3　日本建筑业产业化管理规范体系

1.4.3.1　政府的主导作用

日本政府建立了通产省（现为经济产业省）和建设省（现为国土交通省）两个专门机构来负责住宅产业化的推进工作。这两个政府部门从不同角度引导住宅产业化的发展，各司其职。通产省从调整产业结构角度出发研究住宅产业发展中的问题，通过课题形式，以财政补贴支持企业进行新技术的开发；建设省则着重从住宅生产工业化和技术方面引导住宅产业发展，并设立了专门进行住宅方面工作的机构及组织。其中，日本政府在建设省又设立了住宅局、住宅研究所和住宅整备公团三个机构，三个机构职能不同，但互相配合，共同促进住宅生产工业化和技术方面的发展。

同时，日本政府在当时的通产省、建设省成立了审议会，作为政府管理部门的决策咨询机构。它要对管理部门大臣（如通产大臣、建设大臣等）提出的课题进行调查并提出建议。20世纪60年代末，在通产省产业结构审议会下，组建了"住宅与都市产业分会"，作为通产大臣的咨询机构。住宅与都市产业审议分会的建议为通产大臣的决策（制订规划、计划）提供了有力的支撑，为引导住宅产业各企业的发展提供了方向。建设省的住宅宅地审议会（现在的社会资本整备审议会）于20世纪60年代成立，主要进行关于住宅产业的相关问题及政策的讨论。

1.4.3.2　促进住宅建设和消费经济政策

为了推动住宅产业发展，通产省和建设省相继建立了"住宅体系生产技术开发补助金制度"及"住宅生产工业化促进补贴制度"。通过一系列财政金融制度引导企业，使其经济活动与政府制订的计划目标一致，使既定的技术政策得以实施。对于在建设中体现了实用化、产业化的新技术、新产品，政府金融机关给予低息长期贷款。如涉及中小企业，还可根据《中小企业新技术改造贷款制度》，由"中小企业金融公库"发放低息长期贷款。此外，还建立了"试验研究费减税制""研究开发用机械设备特别折旧制"等。在鼓励住房消费方面，日本政府成立了国家"住宅金融公库"，以比商业贷款低30%的优惠利率向中等收入以下的工薪阶层提供购房长期贷款，贷款期限可以长达35年。这一举措对解决中低收入者购房，在住宅建设发展方面起到了很大的促进作用。

1.4.3.3　保障住宅产业发展的技术政策

除经济方面的支持外，日本政府制定了一系列技术政策来保证和推动住宅产业的发展，这些技术政策主要包括以下四个方面：

（1）大力推动住宅标准化工作。早在1969年，日本政府就制订了《推动住宅产业标准化五年计划》，开展材料、设备、制品标准、住宅性能标准、结构材料安全标准等方面的调查研究工作，并依靠各有关协会加强住宅产品标准化工作。据统计，1971—1975年，仅制品业的日本工业标准（JIS）就制定和修订了115本，占标准总数 187 本的 61%。1971 年 2 月通产省和建设省联合提出"住宅生产和优先尺寸的建议",对房间、建筑部品、设备等优先尺寸提出建议。建设省于 1979 年提出了住宅性能测定方法和住宅性能等级的标准。标准化工作是企业实现住宅产品大批量社会化、商品化生产的前提,极大地推动了住宅产业化的发展。

(2) 建立优良住宅部品（BL）认定制度。该审定制度于 1974 年 7 月建立,所认定的住宅部品由建设省以建设大臣的名义颁布。1987 年 5 月以后,建设省授权住宅部品开发中心进行审定工作。住宅部品认定中心对部品的外观、质量、安全性、耐久性、使用性、易施工安装性、价格等进行综合审查,公布合格的部品并贴"BL 部品"标签,有效时间为五年。经过认定的住宅部品,政府强制要求在公营住宅中使用,同时也受到市场的认可并普遍被采用。优良住宅部品认定制度建立,逐渐形成了住宅部品优胜劣汰的机制。这是一项极具权威的制度,是推动住宅产业和住宅部品发展的一项重要措施。

(3) 建立住宅性能认定制度。为了保证工业化住宅的性能质量,使业主清楚工业化住宅质量情况,保护购房者的利益,建设省于 20 世纪 70 年代中期开始实行工业化住宅性能认定。目前已制定了《工业化住宅性能认定规程》,其目的是为购房者选择住宅提供参考,并保证他们获得更大的利益。

(4) 实行住宅技术方案竞赛制度。日本将实行住宅技术方案竞赛制度作为促进技术开发的一项重要措施和方式。从 20 世纪 70 年代初起,围绕不同的技术目标,多次开展技术方案竞赛。通过一系列的技术方案设计比赛,不仅实现了住宅的大量生产和大量供给,而且调动了企业进行技术研发的积极性,满足了客户对住宅的多样化需求。

1.4.3.4　协会、社团发挥重要作用

日本预制建筑协会（Japan Prefabricated Construction Suppliers and Manufacturers Association）成立于 1963 年,由日本交通建设省和经济产业省主管,为一般社团法人,设有总会（General Assembly）、理事会（Board of Director）、项目管理委员会（Project Management Committee）,下设 6 个分会和 1 个事务所：预制建筑分会（PC Architecture Committee）、住宅分会（Housing Committee）、标准建筑分会（Standardized Architecture Committee）、公共关系分会（Public Relations Committee）、教育分会（Education Committee）、保险与担保推进分会（Committee on Warranties and Insurance against Defects）和一级建筑士事务所（First-Class Architects' Office）。协会从 1988 年开始,对 PC 构件生产厂家的产品质量进行认证。截止到 2015 年 8 月,共认证了 119 个厂家的项目,每个项目都进行了详细打分。2015 年 4 月,全日本共有 57 家 PC 构件厂家的产品品质通过了日本预制建筑协会的认定,在我国有上海住总工程有限公司、东锦株式会社大连东都建材有限公司、上海建工材料工程有限公司第三构件工厂生产

的PC构件产品通过了该协会的品质认定。一般来说，60m以下的建筑使用PC构件，各单位都可以进行建造；超过60m以上的建筑，使用PC构件的，需要交通建设省审查批准。在日本的超高层住宅建筑，可以肯定地说都用了PC构件，不仅能够节省工期，还能降低建造成本。

一般社团法人日本预制建筑协会这种促进行业自律、行业发展的组织模式，值得我国借鉴。日本预制建筑协会成立50多年来，在促进PC构件认证、相关人员培训和资格认定、地震灾难发生后紧急供应标准住宅、促进高品质住宅建造、建筑质量保险和担保等方面，发挥了积极作用。在我国建筑产业现代化发展的起步阶段，可以吸收借鉴日本预制建筑协会的经验，尽量少走弯路。

1.4.4 日本建筑业发展经验总结

1.4.4.1 日本建筑产业发展趋势

2016年4月14日，日本九州熊本县发生最大震级达里氏6.5级的地震，使人们又一次把目光集中到了日本的工业化建筑上。地震中虽有多栋住宅倒塌，但相对于如此大的自然浩劫，如此微小的房屋损毁率，已经向世人宣告了日本住宅产业化的成功和过人之处。

日本把住宅视为"社会的中心"，影响着社会和经济的方方面面，一座小小的住宅蕴含着社会构造发生巨大转变的力量。面对全球气候变暖、能源资源短缺、生态系统危机、大量消费、人口老龄化等社会问题，日本的住宅产业化通过有效利用资源、减少建筑工程的能耗来减轻地球环境的负荷，在新的时代背景下创造着新的价值。

1.4.4.2 日本建筑产业发展的启示

日本建筑产业现代化经过长时间的发展过程后，正确掌握了现代建筑发展的规律和方向，很多地方值得我国学习。从客观的角度来说，首先应该为现代化建筑的发展营造一个自由放松的创作氛围，其次应该传承传统文化的同时，提高科学技术的水平，最后应该加大本土建筑师的培养力度，提高建筑师技能的同时提高传统文化和建筑历史的修养，日本现代化建筑的稳定发展正是我国现代建筑发展需要借鉴的地方，只有从实际角度认识到自身发展的不足，才能从根本上提高中国建筑行业的创新意识，提高现代化建筑的发展水平。

1.5 新加坡

1.5.1 新加坡建筑业发展概述

新加坡是亚洲"四小龙"之一，人口560万，面积641km^2。其经济主要由制造业、金融与服务业、商业、交通与通信业及建筑业组成，其中，建筑业是新加坡国民经济的支柱产业。新加坡国内建筑工程按投资来源一般分为公共工程和私人工程。其中，公共工程主要是组屋建设和基础设施，基础设施又主要包括地铁、填海工程、轻轨工程和输水管道工程。私人工程主要是工业厂房、公寓和酒店。公共工程必须公开招标，而私人工程则由业主决定是否招标。

新加坡国内建筑业主要由三个部分组成：一是业主；二是咨询公司；三是承包商。它们的职能和关系与国际惯例相同。

1.5.1.1 业主

新加坡国内最大的业主是建屋发展局（HDB），它成立于20世纪80年代初，目前90%的新加坡人住房都是由它修建。政府从公积金局里贷款给建屋发展局，作为启动资金，修建组屋（住房），然后出售给新加坡公民。新加坡公民可以动用自己的公积金以分期付款的方式购买组屋，组屋建设已形成了融资—建设—售买—资金回笼—再投资的良性循环。建屋发展局同时又是最大的政府咨询公司，有自己的建筑结构设计和项目管理部门，同时拥有业主和咨询公司的功能。其他的政府部门，如陆路交通管理局（地铁、公路、轻轨），比如裕廊镇管理局（工业基地）等都是政府部门，也是如此设置功能。

1.5.1.2 咨询公司

除了政府咨询公司，其他的咨询公司都是专业化的私人公司。在新加坡，几乎所有的私人咨询公司业务范围主要都在建筑方面，土木工程方面相对较弱，一般都是聘请外国公司做顾问或组成咨询公司联合体。

1.5.1.3 承包商

承包商划分为通用建筑土木工程和桩基公司，其资质等级（投标能力）按照财政能力、专业人员及三年内完成项目总额分为一级到八级，一级为最低，只能允许投标50万新元以下的工程；八级为最高级，投标能力不受限制。新加坡不同等级的建筑公司结构呈现为较合理的金字塔形。

新加坡的建筑公司是技术密集型的管理公司，实行管理和劳务分离的运作模式，只拥有自己的管理人员和主要机械设备，拥有少量的技术工人，它的经营运作模式为：（1）利用自己的资质等级投标承揽工程；（2）中标后排出项目部到现场，项目部的人员视项目的大小和承包方式而定，"设计—施工"一体化的大型项目大约在30人左右（包含设计工程师）。一般施工项目部设置10人左右，项目董事（承包商代表）1人，项目经理1人，项目工程师及助理等各1人，预算估算师1人，材料采购员1人，机电工程师1人等；（3）分包给子公司或组织劳务公司施工；（4）管理工程及分包商的工作直至验交。

建筑工程中大部分分项工程如打桩、土方开挖和运输、钢筋等都有专门的分包商，这些分包商都是低等级建筑公司或者无登记的劳务公司。每个主承包都有自己长期合作的分包商，它本身也实行内部分包商评估制度。

投标之前，大公司将各分项、分部工程及合同中的规范要求分送给拟定的分包商询价，各分包商报出他们的单价或者总价，总承包商汇总后再加上自己的管理费用和利润以及合同条款中规定的其他费用，调整后作为标价送予业主，一旦中标，总承包商会择价分包给报过价的分包商。三大材（钢材、木材、混凝土）都是主承包商提供或订购，机电工程一般都是分包商总价包干，包材料、设备及安装，总承包商负责质量、安全、工期、资金的管理，并提取一定的管理费和利润。

1.5.2　新加坡建筑业产业化历史

新加坡的建筑工业化道路，始于20世纪60年代。当时，新加坡国民的住屋条件十分恶劣，人口密集，大部分居民无力购房。为解决房荒问题，政府推行建屋计划，开始尝试建筑工业化，要求用工业化的施工方法进行住宅建造。

政府于20世纪60年代实施"居者有其屋"计划，住房问题被放在首位。建屋发展局（简称HDB）负责建造政府公屋，廉价提供给民众。不过，从20世纪60年代到70年代，新加坡的住宅工业化经历了几次失败。1963年，新加坡建屋发展局把一份要求采用法国大板预制体系建造10幢以标准三房为单位、每幢10层的建造合同给了当地一家承包商，该体系是法国于20世纪60年代建立的大板住宅建筑体系，被许多国家采纳和学习，但由于经验不足以及执行过程中的种种原因，这次尝试并不成功。

1973年，为加快住宅建设速度，减少劳动力的使用数量，新加坡建屋发展局又通过一份要求采用丹麦的大板预制体系、在6年内建造8820套4房的公寓住宅，这一合同价值8200万美元。由于处于建筑工业化发展初期，该项目的建造费用比传统建造方法高16.7%，再加上1974年的石油价格上升引起建材价格上升，最终导致承包商财务危机加重，只能终止合同。

直到20世纪80年代初，新加坡建屋发展局进行了第三次尝试，在公共住宅项目即组屋建设中推行大规模的工业化。为得到适合新加坡本土国情的工业化建筑方法，建屋发展局分别和来自澳洲、法国、日本、韩国以及新加坡本地的6家承包商签订了6个合约，并分别要求采用6种不同的建筑系统。这批合约是承包3房式和4房式的组屋，总计6.5万套房，6～7年完成。这些合约约等于新加坡建屋发展局1982—1987年六年新建计划的30%。

从全预制失败的教训，新加坡HDB得出结论，工业化不一定就是全预制，必须根据项目情况，从设计环节抓起，最终达到在施工期间提高劳动效率，加快施工速度，保证质量。也就是要求设计出更容易建造的房屋，这就是推进易建性设想的来源（易建性，一个建筑物的设计有利于建造的程度，以及采用的技术和方法影响施工生产率的水平)。

新加坡在 2000 年起草了一份规范,全名是《易建设计规范》。2001 年 1 月 1 日起,《易建设计规范》正式执行,对所有新的建筑项目实行"建筑物易建分值"评定。该规范规定建筑面积在 $5000m^2$ 的项目必须满足最低易建分值要求,并成为政府审批建筑项目的一项要求。《易建设计规范》在 2002 年以后每两、三年修订一次,2011 年改名为《易建性规范》(Code of Practice on Buildability),现在执行的是 2015 年版。

通过这几项合约的实践,新加坡对工业化建筑方法进行了及时评估,结合新加坡建筑的具体情况,决定采用预制混凝土组件,如外墙、垃圾槽、楼板及走廊护墙等进行组屋建设,并配合使用机械化模板系统,新加坡的建筑工业化由此开始稳步发展。

1.5.3 新加坡建筑业管理体制及相关制度

1.5.3.1 政府建设主管部门及相关机构

新加坡政府的国家一级主管建设的部门是新加坡国家发展部(MND),其下设七个部门及委员会:城市重建委员会(URB)、住房及发展委员会(HDB)、公共工程局(PWD)、国家公园委员会(NPB)、建筑及房地产信息网(CORENET)、建筑工业发展委员会(CIDB)、初级产品生产局(PPD)。其中与建设管理有关的部门主要是 URB、HDB、PWD 和 CIDB,CORENET 主要作用是提供建筑及房地产方面的招标、销售等信息,NPB 的主要职能是对国家公园的建设负责,PPD 则主要负责初级农产品生产的管理工作。

1.5.3.2 建设项目组织实施方式

新加坡的建设项目组织方式基本采用英国方式,即由业主、顾问工程师和承包商三方面组成。根据业主及顾问工程师来源的不同,新加坡的建设项目组织方式可以分为以下三种:

1. 公共房屋工程

新加坡的公共房屋工程由新加坡住房及发展委员会(HDB)作为业主负责组织实施,项目实施多采用自营模式,规划、设计、现场监督、管理工作均由其自己承担,通过招标选择经建筑工业发展委员会(CIDB)认可的政府公共工程承包商负责项目施工。自 1991 年开始,为促进公共房屋设计水平的提高,向住户提供更高质量的房屋,住房及发展委员会(HDB)在部分项目上邀请私人建筑师参与设计,同时将部分住房及发展委员会(HDB)拥有的土地向私营开发商招标,由其承担公共房屋项目建设。

2. 公共工程(除公共房屋外)

新加坡的公共工程主要由新加坡公共工程局(PWD)、陆路交通管理局

(LTA)、电信管理局（ATS）、海事及港口管理局（MAP）等部门根据工程性质分别作为业主负责组织实施。这些工程的规划、设计工作大多由其业主部门自己承担，但工程项目的顾问工程师大多来自新加坡公共工程局（PWD），通过招标选择经建筑工业发展委员会（CIDB）认可的承包商负责对项目总包，同时业主单位有权直接选择分包商。

3. 私人工程

新加坡私人投资建设的工程，一般都是全部委托顾问工程师来进行设计、现场监督、项目管理等工作，政府对私人投资项目的组织形式没有作明确要求。

1.5.3.3 政府对业主在项目实施阶段的管理

由于建筑活动对社会的各个方面都会产生影响，因此新加坡政府确定了在事情发生之前进行控制的思想，新加坡政府对业主拟实施项目的管理相当严格。

政府对项目管理的特点：

（1）依法管理。新加坡政府在对项目实施进行管理时依据的法律法规体系相当完善，其法律法规体系主要由三个层次构成：第一层是建筑管理法（Building Control Act），该法规定了建筑市场及管理的基本原则；第二层是建筑管理条例（Building Control Regulation），关于建筑物的建筑管理条例（Building Control〈Inspection of Buildings〉Regulation），关于市政工程的建筑管理条例（Building Control〈Exempt Building Works〉Order），这些条例根据建筑管理法制定，对具体情况进行了进一步的明确；第三层由一些针对具体方面的规定组成，如无障碍建筑设计规定、建筑物节能规定、新加坡规范、英国规范等。这些法律法规不但明确了管理的原则、方法，同时对违反规定的处罚也有明确的条文，如建筑管理法（Building Control Act）规定：对违反建筑管理法的当事人，可惩罚不超过20000新加坡元或不超过6个月的拘禁。

（2）政府管理的范围广、程度深、效率高。从以上介绍我们可以看出，新加坡政府对建设项目实施管理的范围从方案直到项目使用过程中，管理程度也相当深，但新加坡政府建设管理部门通过以下几种方法达到了管理效率较高的目标：1）各个政府部门分工明确，各项审批工作流程清晰，均配有完善的表格，并有详细的工作程序解释（guideline or handbook）供审报者使用参考，各项审批工作都有非常明确的时间要求，一般在2～3周内完成，便于审报者操作。2）充分利用顾问工程师等专业人士的作用，通过顾问工程师的参与，减少由于业主对工程技术或审报程序不了解所造成的延误。3）大力推行现代化管理手段的应用，目前除各有关政府部门在因特网上建立主页，向社会提供信息外，大多数部门都已做到可以直接通过因特网获得申报表格并可进行电子申报（包括图纸），此举大大提高了政府工作的效率。

1.5.3.4 工程招标投标管理

新加坡政府对工程项目招标投标管理主要限于由政府投资或参与的公共工程，对于私人投资的工程项目的招标投标，由私人业主自行管理，新加坡政府不参与管理。根据新加坡政府的规定，公共工程的招标机构由负责项目建设的各具体部门组成，政府不设统一的招标机构。新加坡政府规定公共工程的招标形式分为三种：公开招标、邀请招标和限制性招标。新加坡政府统一的招标规则规定，凡参加政府公共建筑工程招标的承包商，必须在参加投标前，已在新加坡建筑工业发展委员会（CIDB）注册作为可承担政府工程的承包商，并按照建筑工业发展委员会（CIDB）评定的资质等级参加相应等级的政府工程投标。

在新加坡，所有的公共工程都采用了公开竞争性投标，选择总承包商，而且大型工程例如填海、地铁、轻轨、政府大楼都采用了国际竞争性投标，这些规模庞大的工程一般都采取"设计—施工"一体或者"交钥匙"形式对外招标，招标程序为：资格预审，从是否做过相同或相似项目、专业人员资格以及财政能力稳固等方面进行打分评价；在资格预审的同时，由业主聘请的咨询顾问机构和人员准备投标文件；向通过资格预审的主承包商发出招标文件，主承包商根据招标文件报价、开标、会面谈判及合同程序。大部分公共工程都是包死价。

新加坡的合同和它的法律体系一样，建立于英国体系的基础上，但与国际上通用的标准合同如JCT（房屋建筑）、FIDIC（土木工程）和ICE（土木工程）相似，而且通常所用的合同有SIA（新加坡建筑协会颁发的合同条件）和CIDB、PWD颁布的公共工程合同条件。合同主要内容包括规范和定义合同方即业主、承包商、建筑师或工程师的责任、权利和义务，项目管理的流程，验工计价的方式和价格调整的方法，以及引起异议的仲裁条款。

1.5.3.5 政府对工程质量的监督管理

新加坡对工程质量的监督管理是从两个方面进行的。从业主的角度，是通过聘请顾问工程师对承包商的工程质量进行管理；在政府方面，则是由新加坡建筑工业发展委员会（CIDB）通过制定工程质量标准、明确工作质量的奖惩措施、推进工程质量保证体系，负责对工程质量进行监督管理。

1.5.3.6 工程造价管理

新加坡政府对公共工程投资的监管，一方面是通过公共工程的业主部门来实施管理，政府规定公共工程的造价不得超过业主报经财政部批准的预算价，业主部门通过在工程实施阶段由专业顾问工程师参与管理，有效地控制工程造价。另一方面新加坡财政部预算局（BD of MOF）负责对所有政府工程的投资进行管理，主要是通过审查政府工程的预算及在工程实施完成后对工程投资进行审计来进行控制。

1.5.4 新加坡建筑业发展经验总结

1.5.4.1 "设计—施工"一体化

由于"设计—施工"具有的减少纠纷，缩短工期和降低成本的优点，承包方式日趋走向"设计—施工""交钥匙"的一揽子价格合同。国际咨询工程师联合会（FIDIC）1995年也出版了《设计—建造与交钥匙工程合同条件》（Conditions of Contract Design—Building and Turnkey），作为标准合同条件为业主服务。

1.5.4.2 易建性设计

随着"设计—施工""交钥匙""建设—运营—转让"的形式日益推行扩大，对于总承包商来说，降低造价和缩短工期的重要手段已不仅限于施工阶段，而且从设计阶段开始控制，主要措施是易建性设计。所谓易建性设计，就是使现场的施工变得简单化、工厂化、拼装化。在新加坡，这种易建性设计是强制性的，无论是房屋建筑、地铁、轻轨都广泛使用了它。不仅提高了劳动生产率，加快了速度，而且能有效降低成本。据估计，在其住宅建筑中，使用拼装式组屋能节约15%的人工费。

易建性设计对于"设计—施工"一体化的总承包商来说，是获得合同的重要手段之一。

1.5.4.3 更多的承包商参与了投标项目的融资，直到变成BOT模式（建设—运营—转让）

这种形式已将建筑业和投资业成功地结合在一起，是大财团（通常都有本身的建筑公司或股份公司）争夺发展中国家项目的一种有利手段。

1.6 俄罗斯

1.6.1 俄罗斯建筑业发展概述

1.6.1.1 俄罗斯建筑市场发展趋势

得益于近年来俄罗斯国内经济的稳定增长，俄罗斯建筑行业增长迅速。根据俄罗斯统计局和工业与能源部的统计资料显示，2012年俄罗斯人均住房面积为$20.8m^2$，而我国同期城市人均住房面积为$32.9m^2$，农村人均住房面积为$37.1m^2$，俄罗斯人均住房面积低于我国同期水平。俄罗斯政府表示，未来将要拿出17亿m^2土地建造住房，以改善居民居住条件。

俄罗斯公路交通设施较为落后，铁路、航空和水运基础设施有一定的基础，但是大多在苏联期间建造完成。截止到2012年底，俄罗斯全国公路总里程为144.4万km，同期我国公路总里程为423.7万km，俄罗斯公路总里程仅为我国同期的 1/3。俄罗斯半数以上的公路不符合养护标准，根据世界经济论坛发布的全球竞争力报告显示，俄罗斯公路状况位列被调查 144 个国家的第 136 名。俄罗斯政府为了提高交通运输能力以更好地促进经济发展，正大力投资基础设施项目。2011 年 11 月，俄罗斯总理普京宣布，俄罗斯政府将在未来 10 年内向交通领域投入巨资，加快基础设施建设的步伐，全面提升俄罗斯全境的基础设施状况。

1.6.1.2　俄罗斯建筑市场劳动力需求

就劳动力市场而言，俄罗斯本国建筑行业的企业和人员无法满足建筑行业的发展需求，建筑业、制造业等都是俄罗斯劳动力最为紧缺的行业。2014 年我国建筑行业从业人员近 4500 万人，同期相比较，俄罗斯建筑行业从业人员仅 330 万人，劳动力远不能满足市场需求。俄罗斯缺乏劳动力与出生率较低和死亡率居高不下有关，俄罗斯人口已经连续负增长二十年。此外，俄罗斯人口老龄化情况严重，2010 年超过劳动适龄阶段的人口占俄罗斯人口总数 22%。劳动力缺乏还表现在男女性别比例失调，女多男寡，并呈不断加剧趋势。

1.6.1.3　俄罗斯建筑市场竞争情况

得益于俄罗斯建筑市场份额的不断增加，近年来不少欧洲大型建筑企业陆续进入俄罗斯建筑市场。据俄罗斯媒体统计的数据，俄罗斯建筑市场上的外国建筑企业达七百多家，主要来自于德国、法国、瑞典、土耳其以及部分东欧国家。其中不乏知名的欧洲大型建筑企业，例如在 2010 年 ENR 国际承包商排名中位列全球第一的德国豪赫蒂夫（Hochtief）集团，位列全球前十的法国万喜（Vinci）集团和法国布依格（Bouygues）集团。一些中国建筑企业也逐渐进入俄罗斯市场，并有更多的中国建筑企业对俄罗斯市场表现出浓厚的兴趣。

市场份额方面，2014 年俄罗斯本土建筑企业的市场占有率为 57%，欧洲建筑企业的市场占有率为 29%，中国建筑企业的市场占有率不到 5%。因为中国建筑企业在俄罗斯建筑市场起步较晚，故市场占有率较低。

虽然俄罗斯本土建筑企业市场占有率最高，但由于大部分为中小型企业，其技术能力不高，生产设备陈旧，缺少资金和劳动力，这些原因导致其竞争力并不强。欧洲大型建筑企业凭借其强大的实力取得了明显的竞争优势。随着近年来对俄罗斯建筑市场的不断深入，欧洲大型建筑企业已取得较大市场份额，并且在一定程度上使俄罗斯建筑市场的竞争更为激烈，也增加了中国建筑企业开拓俄罗斯市场的难度。

1.6.1.4　俄罗斯建筑产业创新技术发展

1. 基于地区特性进行建筑技术创新

目前，俄罗斯建筑产业处于蓬勃发展阶段，建筑市场比较兴旺，房地产市场一片红火。这是由于国家对工业建筑物与住房的需求不断增加。因此，建筑企业为了降低施工工程成本、加快工程进度，一直寻找新做法，开始研究和使用新的技术。企业开发有效的新技术，实行工程设备自动化，利用新型建材，都是创新的很好体现。必要时俄罗斯企业能够巧妙地借鉴西方国家高端建筑技术，但是往往会受到一定的局限。比如，俄罗斯地处北温带和寒带地区，气候比较寒冷，该气候因素就对本国的建筑风格和技术产生了一定的影响。在此情况下，俄罗斯不得不创造新的、适合本国使用的建筑创新技术，同时具有一定的独特性和先进性，非常有助于降低住房建筑期间的工程成本。

2. 基于制造领域进行建筑材料创新

在俄罗斯，最常见的建筑行业创新技术出现在建筑材料制造业领域。这是由于建造房子采用新技术时，首要条件就是要保证建材质量，达到建材安全使用与耐久使用的效果。劳动力对施工进度有直接影响，只有创新技术能够提高自动化水平，最大限度地减少劳动力的投入。目前，俄罗斯大城市建筑公司很积极地采用建筑创新技术，比如采用乐高原理建房屋、采用整体式框架建筑技术、采用预制结构与整体式建筑法结合等。其中，装配式居住大块壁板新建筑法的基础为乐高原理，它有助于缩短房屋建筑时间，该种建筑方法，最主要的特点为用不可拆卸的螺栓连接代替焊接作业。

3. 建筑材料制造商促进创新技术的发展

在俄罗斯，建筑公司并不是创新技术研发的主要力量，主要的推动载体来源于建筑材料制造商。其中比较典型的创新材料有结构性建材、辅助性建材、精加工建材、维修建材、建筑装修装饰建材、结构构造围护防护建材、生产加工原料等。建筑企业在新型材料研发时将会承担比较大的风险，主要有建筑物安全使用风险、建筑法律法规风险、建筑标准与规程协调难等。因此建筑材料制定商基于其丰富的建材销售经验，对建材的性能具有很深刻和全面的了解，新型产品研发时省去了很多不便，也更容易研发出优质新型建材。俄罗斯建材制造商为建筑产业创新技术的发展做出了巨大贡献。

4. 纳米技术研究成果显著

纳米技术在俄罗斯得到深入广泛的研究，同时取得了非常成功的研究成果。纳米技术被应用的主要体现就是纳米材料的应用。纳米材料指的是在三维空间中至少有一维处于纳米尺度范围（1~100nm）或以此作为基本单元所构成的材料，大约相当于10~100个原子紧密排列在一起。纳米材料大致可分为纳米粉末、纳米纤维、纳米膜、纳米块体四类。第一，纳米粉末。又称为超微粉或超细粉，一般指粒度在100mm以下的粉末或颗粒，是一种介于原子、分子与宏观物体之间处于中间物态的固体颗粒材料。第二，纳米纤维。指直径为纳米尺度而长度较大的线状材料。第三，纳米膜。纳米膜分为颗粒膜与致密膜。颗粒膜是纳米颗粒粘在一起，中间有极为细小的间隙的薄膜。致密膜指膜层致密但晶粒尺寸为纳米级的薄膜。第四，纳米块体。纳米块体是将纳米粉末高压成型或控制金属液体结晶而得到的纳米晶粒材料。纳米技术在俄罗斯已经取得了显著的研究成效，早就已经投入到建筑市场的使用。

1.6.2 俄罗斯建筑业产业化历史

（1）20世纪90年代苏联住宅工业化走的是一条预制装配混凝土结构的道路，同时也是世界上住宅工业化比较成功的国家之一。它的特点是广泛吸收国内外先进经验并结合本国的物质与技术基础、气候条件，然后由专家们制定出一条自己的工业化建房的道路。

苏联住宅建筑是以全装配大板结构为主的结构体系。但是它的发展经历了漫长的道路，早在1927年由国家建筑学院取得了第一个大型砌块建筑的经验，然后逐步演变到有骨架大型板材建筑和无骨架大型板材，再上升到建筑高层住宅的有、无骨架板材建筑。到目前无骨架大型板材逐步占优势而居统治地位。但现在已出现用盒子结构代替大板建筑的趋势。

苏联预制构件开始于1927年，最初生产楼梯踏步。

1931年施工机械化托拉斯（后改为建工建材机械联合企业）的成立，为施工机械制造业打下了基础。

1936年2月，通过的关于改进建筑业和降低工程造价的决议，对于居住建筑工业化的发展起了重大作用，决议制定了大规模工业化生产建筑物构配件半成品的方针。

1937—1938年工业上开始塔式起重机的研究和试制。

1939年3月提出了建筑工业化发展并使它转化为国民经济先进部门，施工综合机械化广泛使用建筑构配件，以及在这个基础上坚决贯彻快速施工法等任务。

1938、1939年，将居住建筑所用的构配件加以统一规格。在这一阶段的经验是，居住建筑的工业化与建材，建筑构配件的生产以及施工机械生产中投资的增长密不可分。施工承包单位的数量增加对它们生产技术基地的巩固起了重大作用。

1940年在苏联建筑科学院库兹涅佐夫指导下开始大型壁板建筑的准备工作。

1941年就无框架大型壁板的多层住宅采用螺栓连接构件的构造形成正在研究。同时，在墙里加上块材保温材料，使这种外墙比砌块减轻三分之二的重量，劳动量减少四分之一。

1948年冬在莫斯科第一幢骨架板材建筑建造成功。它是以金属为骨架的大型钢筋混凝土结构。它通过各种大型构件拼装和进一步改进了预制装配的方法，显示出这种施工方法的根本优点，但太不经济了。

直到1966年才在切列保维茨首先建成了一个成套生产住宅主要构件的车间，

这在全国范围内是第一个连续五年有系统生产的建房企业。在这以前，大板建筑一直没有脱离初步的试验阶段，而大板住宅建筑企业也并不是在生产中步调均匀和有系统地进行的。

随后，进行大量居住建筑的建设成为当务之急，当时的建筑业以满足社会需求为目的，运用最新的科技成果实行大规模的基本建设。居住建筑的预制化、工厂化是加快建设速度缩短工期的有效途径。按照模数设计好的基本构件由工厂加工成型，再到施工现场装配成型或在工厂加工好单元在现场吊装，建筑方式转变为统一模式的、千篇一律的五层"盒子式"楼的建筑模式。

（2）20世纪90年代~21世纪初，建筑理论已趋向成熟，深入挖掘建筑艺术的表现力成为这个时期值得探讨的课题，居住环境的改善也亟待解决。

提高大规模建设中的设计水平是彻底解决新时期城市面貌单一的最直接的方法，建筑师们进行了许多有益的尝试：减小预制模块的尺寸增加组合方式；设计能丰富墙体的大型板材；新结构形式的采用、造型和构图手法的创新等方法都增加了建筑的趣味性，很多新建的住宅都形成了与众不同的造型，建筑已经呈现出多元化和个性化的趋势。

1.6.3　俄罗斯技术法规与技术标准体系

1.6.3.1　《俄罗斯联邦标准化法》

1993年6月10日俄罗斯通过了《俄罗斯联邦标准化法》（N5154-1号）。主要包括：（1）总则；（2）标准化规范文件及其应用；（3）对执行国家标准要求的国家检查和监督；（4）违反本法规定的责任；（5）国家标准化和国家检查监督工作的拨款，对采用国家标准的鼓励等5章共16条，规定的标准有国家标准、行业标准、企业标准和团体标准4类。由于该法原则性强，主要是对标准化工作的规定，以强制标准为主，不能适应俄罗斯经济发展的要求。2002年12月27日普京总统签署了俄罗斯联邦法律N184-ФЗ号——《俄罗斯联邦技术调节法》（以下简称《技术调节法》），并于2003年7月1日实施，并废除了1993年的《俄罗斯联邦标准化法》。该法是俄罗斯技术规程和标准化方面的基本法，其中重点规定了技术规程和合格声明，标准化的内容只有7条。该法以国际标准为国家标准的基础，团体标准不得与技术规程相抵触。规定的标准种类有国家标准；标准化规则；标准化领域的标准和建议；全俄罗斯经济技术和社会信息分类；团体标准等，取消了行业标准。但该法将标准化作为执行技术规程的审查工具，并没有重视标准化对国民经济发展的引领作用。于是，俄罗斯联邦政府于2006年2月28日发布了《俄罗斯联邦国家标准化体系发展构想2010》（N266-P）（以下简称《标准化构想2010》）。《标准化构想2010》针对《技术调节法》存在的一系列问题，提出了俄罗斯联邦国家标准化体系发展的目标、原则、任务和方向，以指导

《技术调节法》的修改。在该构想的指导下，该法相继在2007—2013、2015年进行了9次修改。

为了进一步发挥标准在国民经济中的引领作用，2012年9月24日俄罗斯发布了《俄罗斯联邦国家标准化体系发展构想2020》（№ 1762-p）（以下简称《标准化构想2020》）。《标准化构想2020》含有俄罗斯联邦国家标准化体系发展意见体系和到2020年期间它的发展目的、任务和方向的建立。为了落实《标准化构想2020》提出的战略目的和任务，2015年6月29日发布了《俄罗斯联邦标准化法》（总统令162-Ф3）（以下简称《标准化法》），该法总共有11章36条，包括总则、俄罗斯联邦标准化领域国家政策、标准化工作参加者、标准化文件、标准化工作规划、国家标准化体系文件的制定和审批、国家标准化体系文件的使用、标准化信息保障、标准化领域国际和区域合作、标准化领域拨款、标准化领域责任和最后条款。

1.6.3.2 建筑技术法规（即建筑法规）

1. 沿革

苏联《建筑法规》是于1955年正式颁布实行的，是苏联建筑工程中必须遵守的法规。我国当时正在进行有计划的社会主义经济建设，国家建委组织专家翻译了该法规，并公开出版，这就是我国最早接触到的苏联建筑法规。

1982年10月中国工程建设标准化协会办公室，将《全苏现行建筑法规索引》（1978年）组织冶金部北京有色冶金设计研究总院翻译，其内容包括《建筑法规》的第Ⅰ、Ⅱ、ⅡТ部分共137项以及包括第Ⅳ部分预算定额在内的其他有关标准文件。1990年华北水利水电学院北京研究生部教师赴苏访问获得《苏联国家建委标准文件目录》（截至1990年10月）。共包括：①组织、管理与经济；②设计标准；③施工组织、施工及工程验收；④预算定额；⑤材料和劳动力消耗定额5大类，共31组，256项（含法规及标准）。

《俄罗斯联邦现行建筑业标准文件索引》（2002年4月1日）是俄罗斯联邦包括建筑法规在内的现行建筑业标准文件目录。该索引由俄罗斯建设主管部门标准化、技术法规与认证管理局和联邦国家统一企业——建筑法规与标准化方法学中心编制。

2. 编制指导思想和方法

俄罗斯制定建筑法规的指导思想是：以原苏联建筑法规为基础，根据新的经济体制、法律和管理结构来制定。新编建筑法规的主要目标是，在发挥企业、单位和专家独立性和首创精神的条件下，维护建筑产品（包括工程）使用者、社会和国家的权利和受法律保护的利益。

3. 主要技术内容

关于建筑物和构筑物，对以下特征制定强制性规定。

（1）在使用的计算条件下，建筑物、构筑物及其体系的安全性，建筑结构和地基的强度与稳定性；

（2）在地震、崩塌、滑坡和其他自然危险作用的计算条件下，建筑物和构筑物的稳定性和人的安全性；

（3）在火灾及其他事故的计算条件下，建筑物和构筑物的稳定性和人的安全性；

（4）在使用过程中对人体健康的保护，房间必要的热、空气湿度、声、光等环境；

（5）各种用途建筑物和构筑物的使用特征和参数，考虑卫生、生态和其他法规的建筑物和构筑物的布局规则；

（6）降低能源、资源的消耗并减少建筑物和构筑物的热量损失。

4. 主要管理规定

在建筑管理方面，主要的技术法规有：《建筑业标准文件体系——基本条例》《建筑企业、建筑物和构建物设计文件的编制、协商一致、批准和内容细则》《建筑工程勘测基本规定》《定型设计文件》《建筑施工组织》《建筑测量工作》《竣工工程项目使用验收基本规定》《建筑安全技术》《建筑劳动安全》以及《俄罗斯国家城市建设档案建立与管理基本规定》等。

1.6.3.3 建筑技术标准

根据对《俄罗斯联邦现行建筑业标准文件索引》（2002年）提供的标准统计分析，现行俄罗斯建筑法规、规程汇编和各类标准共1104项，由俄罗斯联邦建设主管部门对其进行管理（立项、审查、通过）。

1.6.4 俄罗斯建筑业发展经验总结

在20世纪20～90年代，俄罗斯建筑业发展得快的主要原因是：

（1）大力发展大板建筑所需要的建筑材料。例如水泥1961年使用总量为5100万t，比1958年增加0.5倍，在1965年上升到8460万t。规定拟建26个水泥厂，扩建和改建45个老厂，并改善水泥厂的地理分布情况。在所有的加盟共和国内和60个国民经济委员会中都在组织水泥生产，1975年产量为1200万t。这给予了大板建筑有力的支撑。又如轻骨料到1975年达到3600万m^3。其他有关建材亦都有相应的增长。此外，1954—1956年先后新建402个预制厂和200个露天预制场。1956年后，这些新厂陆续发挥作用，装配式钢筋混凝土产量由1955年的50万m^3提高到1960年的3020万m^3，产量提高5倍，住宅建筑由1955年的5720万m^2，提高到1960年的1.1亿m^2。

（2）发展住宅建造联合企业。自1959年试办以来，现已建立一百五十多个住宅建造联合企业，总生产能力约3000万m^2建筑面积。这些企业一般都有预制构件厂和施工安装队伍，有的有运输力量，将构件生产、运输、吊装的整个过程由统一的机构调度和管理，以提高生产效率，加快施工速度，降低建筑造价。在当时的列宁格勒（现圣彼得堡）建造一幢9层11600m^{2}的大板住宅，全部工期为3个月。莫斯科居住与民用建筑总局在契尔塔诺瓦试验性住宅区的建筑中，成立了设计建造联合企业，其中有建筑安装队伍和生产企业，还有设计室。

（3）建设机械化大板工厂或车间。苏联在当时有大板工厂或车间350家左右，每年可提供5000万m^{2}建筑面积的构件。生产成套住宅构件的大板工厂，全员劳动生产率为每人每年184～263m^{3}的构件。

（4）发展建筑机械生产。1946年苏联建立了建筑与筑路机械制造部，发展建筑机械制造业，制造大型建筑机械，提高了主要工程的机械化程度。1967年已拥有156个建筑机械制造厂。截至20世纪90年代，俄罗斯建筑机械产量仅次于美国，居世界第二位。据1946—1976年的统计，挖掘机的产量由767台，发展到34832台，自行式、塔式起重机由116台提升到18379台等。1965年主要工程的机械化程度达到70%～90%，但忽视小型机具的发展，1966年开始组织小型机具生产。

在20世纪90年代至21世纪初，俄罗斯建筑业变化原因主要是建筑供给能力得到较好的满足，提高大规模建设中的设计水平成为建筑业较为重要的诉求，建筑师通过减小预制模块的尺寸，增加组合方式，设计能丰富墙体的大型板材，采用新结构形式、造型和构图手法的创新等方法，推动建筑业呈现出多元化和个性化的趋势。

1.7 中国

1.7.1 中国建筑业产业化历史

（1）中国建筑业产业化经历了三个阶段：

1）第一阶段，20世纪50年代，我国学习苏联经验，发展预制构件、中小型建筑施工机械和预制装配建筑，在装配式工业厂房和砌块房屋方面取得有效进展。

2）第二阶段，20世纪七八十年代，我国进一步改进了建筑工业化的标准化设计、生产和施工方法，在大模板、框架轻板、预应力技术、机械化施工等方面取得较大进展。

3）第三阶段，1995年至今，针对之前住宅工业化存在的产品单调性、造价偏高等问题，提出了"推进住宅产业现代化、提高住宅质量、加快住宅建设"的发展思路。目前形成了以示范工程为载体,房地产公司、建筑公司为主导,材料设备公司为辅助的市场体系。建筑结构形式主要有钢结构、轻钢结构、预制混凝土装配结构等。

(2)根据2012年统计局数据,我国劳动年龄人口出现首次下降,下降幅度为0.6%。随着建筑人工的紧缺和成本刚性上升,产业化住宅的优势将逐步体现。

(3)住宅技术的进步为产业化住宅提供了技术基础,从设计到部品配件供应和现场装配,国内已经形成了多种适应于当地的成熟技术方案,随着各地示范工程的陆续完工,产业化住宅的技术经济性能将得到较为完整的体现。

(4)政策支持开始落地。比如,在保障住房建设中支持产业化住宅,对于采用产业化住宅的小区给予一定的容积率优惠等。

(5)庞大的住宅市场保证了产业化住宅的市场规模,"十三五"期间每年竣工规模达到40亿 m^2 左右,以10%的产业化率和户均 $60m^2$ 计算,产业化住宅每年有640万户的市场规模。

1.7.2 中国建筑业法律法规体系

工程建设与建筑业的法制建设经历了从无到有,从粗到细,从初步建立到逐步健全、发展、完善的过程。

建筑行业涉及国民经济的众多层面和领域。然而改革开放政策前,我国建筑领域法律几乎为空白。中华人民共和国成立初期即计划经济时期,我国经济建设完全靠政府的计划手段来调节,各部门的"红头文件"是这一时期工程建设的政策依据,改革开放以来,伴随着我国法制建设进程,我国建筑业相关法律规范体系建设也取得了丰硕成果,随着《中华人民共和国建筑法》《中华人民共和国担保法》《中华人民共和国合同法》《中华人民共和国招标投标法》等法律的施行,工程建设法制渐趋成熟。为了配合上述法律的施行,国务院、建设行政主管部门相继制定出台了《建设工程质量管理条例》《建设工程勘察设计管理条例》《建筑工程施工许可管理办法》《房屋建筑工程质量保修办法》《建筑业企业资质管理规定》《建设工程勘察设计企业资质管理规定》《工程监理企业资质管理规定》等一系列配套的部门规章,以建设部门牵头颁布的大量部门规章作为辅助和补充的建筑法律规范体系,在建筑市场的规范和引导上发挥着越来越重要的作用,促进了建筑行业高效、有序的良性发展。

1.8 国内外建筑业发展历程总结

国内外建筑业发展历程见表1-4。

1 国内外建筑业发展历程

国内外建筑业发展历程 表1-4

	20世纪20~30年代	20世纪40~50年代	20世纪60~70年代	20世纪70~90年代	20世纪90年代~21世纪初	近几年
美国	汽车房屋，便捷、个性化	政府主导简易装配住宅战后供给	舒适需求、工人短缺、机械化生产	能源危机、质量诉求、标准及技术规范	建筑产业结构调整；降低环境负荷、政策完善；绿色发展	集成装配建筑发展、向信息化转变
德国	工业住宅办公、城市化、经济	大规模装配住宅建设、模式单一、大量财政补贴、战后供给、政策推动、城市化发展			建筑个性化、绿色发展建筑审美理念、环保	BIM使用；绿色、经济、个性化
英国	工人、材料充足，规模小、程度低	住宅短缺、人力成本上升、材料过剩推动政府重点发展工业化制造能力			建筑饱和，品质需求提升，政府推动保障性住房建设	非现场建造方式持续增长
日本	学习西方、多元发展，注重传统文化和设计	住宅短缺，一系列标准化文件、住房五年计划刺激；政策方针和市场需求促进工业化发展，逐步实现标准化和部件化		品质化需求提升住宅产业标准化认定阶段	设计部件化、工业化生产方式开始，高品质回归	
新加坡	—		始于20世纪60年代，人口密集，居民无力购房，劳动生产率低；政府要求以大板预制体系建造房屋	引入外国工业化建筑方式；能源危机导致这种建设方式推行不顺利	工业化不一定就是全预制；推行建筑设计易建性评价，采用预制构件等进行组屋建设，并配合使用机械化模板系统	
俄罗斯	预制楼梯构件出现；政府决议制定居住建筑构配件的标准化	政府引导建筑产业技术研发，骨架板材建筑建造成功，但成本较高，有逐渐向无骨架板材建筑转变趋势，大量建筑需求要求建筑缩短工期，建筑方式转变为"盒子式"			个性化、多元化发展	
中国	学习西方	苏联化	中断标准化苗头	1979年后开始工业化	1995年以后重视产业化，面临问题更复杂；高品质、精细化、人性化、信息化发展	

第二次世界大战后，发达国家城市住宅需求量剧增，劳动力短缺且人力成本上升推动建筑工业化发展，一批现代派建筑大师开始考虑以工业化的方式生产住

宅。国外发达国家从20世纪40年代到21世纪初基本实现了建筑产业现代化，大致经历了三个阶段：第一阶段是工业化形成的初期阶段，解决的重点是建立工业化生产、建造体系；第二阶段是工业化的发展期，解决的重点是提高住宅的质量和性价比；第三阶段是工业化发展的成熟期，解决的重点是进一步降低住宅的物耗和环境负荷，发展资源循环型住宅。而我国主要受计划经济和政治的影响，导致从1995年以后才开始真正发展建筑产业现代化，面临的环境更复杂，在建筑产业化的道路上需要借鉴发达国家的相关经验：一是注重标准化建设，即在完善的标准体系的基础上发展通用部件，实现产业化；二是政府通过产业政策扶持引导建筑产业化的各项技术创新活动；三是注重产业化建筑产品质量的提升。

2 国内宏观背景

从国内看，我国经济发展进入新常态，经济发展方式加快转变，新的增长动力正在孕育形成，消费结构逐步升级，新技术、新业态、新模式大量涌现，经济长期向好基本面未改变，但结构性矛盾依然突出，转型升级任务艰巨，生态环境形势严峻，瓶颈制约持续加剧，倒逼传统建筑业加快转型升级。

2.1 政策环境

2.1.1 国家顶层战略驱动

2015年以来，建筑产业化呈现出前所未有的蓬勃发展态势：国务院及部委高度重视、各地政策不断出台、市场规模持续扩大、行业认识进一步深化，建筑产业现代化迎来了政策的拐点。国务院、住房城乡建设部和相关部委密集出台一系列重量级的建筑业改革政策，被称为建筑业深化改革纲领性文件的《关于推进建筑业发展和改革的若干意见》，将改变招标投标方式的《关于扎实开展国家电子招标投标试点工作的通知》，加强建筑市场监管与诚信建设方面的《关于进一步做好建筑市场监管与诚信信息平台建设工作的通知》，推动建筑工业化发展的《关于大力发展装配式建筑的指导意见》，企业资质管理系列文件：《建筑业企业资质等级标准》《建筑业企业资质管理规定》《建筑业企业资质管理规定和资质标准实施意见》和《建筑业企业资质管理有关问题的通知》，还有《推动建筑市场统一开放的若干规定》等一系列政策表明国家加强推进建筑业的发展和改革的决心和力度。

其中，国务院办公厅印发《关于促进建筑业持续健康发展的意见》是建筑业改革发展的顶层设计，明确要求推进建筑产业现代化，要求力争用10年左右的时间，使装配式建筑占新建建筑面积的比例达到30%。提升建筑设计水平，健全适应建筑设计特点的招标投标制度，推行设计团队招标、设计方案招标等方式，加强技术研发应用，加快推进建筑信息模型（BIM）技术在规划、勘察、设计、施工和运营维护全过程的集成应用，实现工程建设项目全生命周期数据共享和信息化管理,为项目方案优化和科学决策提供依据,促进建筑业提质增效,完善工程建设标准。建立全国工程建设标准专家委员会,为工程建设标准化工作提供技术支撑,提高标准的质量和水平。

2.1.2 各地政策不断出台

为实现建筑产业化目标,较多省市已率先发布了建筑产业现代化"十三五"规划,走在了发展前列,2016年,浙江省《浙江省建筑产业现代化"十三五"规划》出台,《四川省建筑产业现代化技术发展导则》发布,2017年更多的省市发布建筑产业现代化"十三五"发展规划,包括安徽、山东、江苏、四川、苏州、珠海、烟台、扬州、常州、泰兴等,说明地方政府对建筑产业化重视程度明显提升,具体政策细则不断落地,据不完全统计,包括装配式建筑,住宅产业现代化、绿色建筑、建筑工业化等相关政策相继出台,关于建筑产业现代化的地方政策达60多个,参加的省份30多个,越来越多的省市开始重视建筑产业现代化发展,为建筑产业现代化发展提供了政策保障。

2.2 经济环境

2.2.1 GDP发展步入新常态

2017年中国GDP总额为82.71万亿元,位居世界第二位,经济增速已经从2010年增速10.9%减缓至2017年增速6.9%,如图2-1、图2-2所示。中国经济增长阶段已经发生了根本性转换,呈现出新常态,从高速增长转为了中高速增

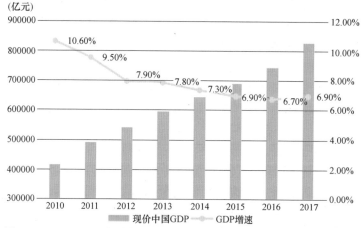

图2-1 2010—2017年中国现价GDP(不考虑通胀因素)和GDP增速
注:数据来自国家统计局。

长，经济结构优化升级，从要素驱动、投资驱动向创新驱动转变。

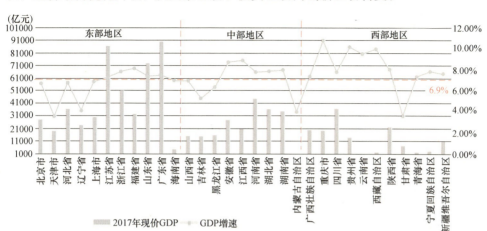

图 2-2　2010—2017 年各省市现价 GDP（不考虑通胀因素）和 GDP 增速
注：数据来源于各省市的统计年鉴；内蒙古自治区和云南省数据暂不全。

从区域层面来看，区域内的 2017 年 GDP 平均规模从大到小排序依次为东部地区、中部地区以及西部地区，可见东、中、西地区的经济发展水平依旧有较大的差距；但从各区域内 2017 年增速的平均值来看，西部地区表现抢眼，中部次之，东部地区相对较低。进一步深入省级层面，省际增长差异明显，目前 22 省区 GDP 增速超过全国 GDP 平均增速（6.9%），上海 GDP 增速与全国（GDP 平均增速）持平，北京、河北、黑龙江、吉林、辽宁、内蒙古、天津、甘肃 8 地未达到全国水平，其中天津、甘肃全年的 GDP 增速仅为 3.6%，并列垫底。

综上可知，中国经济增长已经步入中高增速的新常态，经济结构转变成为当前宏观经济的主要趋势；东中西经济发展差距较为明显，但西部地区的崛起趋势较为突出，中部地区增长相对较为乏力。

2.2.2　全社会固定资产投资增速减缓

固定资产投资是企业、社会扩大再生产的重要途径，通过固定资产投资，可以扩大企业生产经营规模，提高企业的技术水平，调整产业结构。

2017 年全年全国固定资产投资（不含农户，下同）为 631684 亿元，投资总量比上年增长 7.2%，增速比上年回落 0.9 个百分点，略高于全国 GDP 增长速度，较为有力地推动了国民经济的发展，其中建筑安装工程费一直保持在 66% 以上，且呈现缓慢上升趋势，但其环比增速在持续下降。但从固定资产投资增速来看，其已从两位数下降至一位数增长率，增速持续放缓；建筑安装工程费增速也在进一步的回落之中（图 2-3）。

图 2-3 2011—2017 年固定资产投资及建筑安装工程费及其增速

注：数据来自国家统计局网站。

从区域层面来看，就区域平均投资规模，东部区域最高，中部区域稍低于东部区域，西部地区则远小于东部和中部区域；然后从投资增速的平均值来看，中部区域增速最大 8.96%，其次为西部区域 8.85%，最后为东部区域 7.22%。可见，东中部的投资规模水平依然较高，但西部地区的增速相对较大，增长动力较足。进一步深入至省级层面，省级固定资产投资差异较为明显，目前 21 个省份固定资产投资增速高于全国水平，北京市、天津市、河北省、辽宁省、山西省、吉林省、黑龙江省、甘肃省以及宁夏回族自治区低于全国水平，其中甘肃省出现了较大程度的负增长。数据见表 2-1。

全国固定资产投资（不含农户）及其投资增速　　表 2-1

地区	省市	2017 年固定资产投资（不含农户）(亿元)	投资平均值（亿元）	2017 年固定资产投资增速	增速平均值
东部地区	北京市	8396.69	25505.59	5.70%	7.22%
	天津市	12843.29		0.50%	
	河北省	33432.77		5.30%	
	辽宁省	6698.94		0.10%	
	上海市	7249.06		7.30%	
	江苏省	53387.95		7.50%	
	浙江省	32879.81		8.60%	
	福建省	26374.39		13.50%	
	山东省	57215.51		7.30%	
	广东省	37799.63		13.50%	
	海南省	4283.39		10.10%	

续表

地区	省市	2017年固定资产投资（不含农户）(亿元)	投资平均值（亿元）	2017年固定资产投资增速	增速平均值
中部地区	山西省	15092.45	25330.20	6.30%	8.96%
	吉林省	14118.12		1.40%	
	黑龙江省	11308.55		6.20%	
	安徽省	30007.05		11%	
	江西省	22116.60		12.30%	
	河南省	44618.26		10.40%	
	湖北省	33312.93		11%	
	湖南省	32067.62		13.10%	
	内蒙古自治区	—		—	
西部地区	广西壮族自治区	20571.09	14225.63	12.80%	8.85%（排除甘肃负增长，其余13.77%）
	重庆市	17572.67		9.50%	
	四川省	31750.77		10.20%	
	贵州省	15858.00		20.10%	
	云南省	19020.89		18%	
	西藏自治区	1883.34		18%	
	陕西省	23865.74		14.60%	
	甘肃省	5769.40		−40.30%	
	青海省	3891.44		10.30%	
	宁夏回族自治区	3953.61		4.20%	
	新疆维吾尔自治区	12345.04		20.00%	

注：数据来自各省市2017年经济运行报告；内蒙古自治区数据暂缺，计算时不考虑。

2.2.3 财政货币政策日趋稳健

2018年中国政府工作报告指出，坚持实施积极的财政政策和稳健的货币政策。

在财政收支矛盾较大情况下，政府着眼"放水养鱼"、增强后劲，率先大幅减税降费；同时，政府分步骤全面推开营改增，结束了66年的营业税征收历史，累计减税超过2万亿元，加上采取小微企业税收优惠、清理各种收费等措施，共减轻市场主体负担3万多亿元；其次，政府加强地方政府债务管理，实施地方政府存量债务置换，降低利息负担1.2万亿元；再次，政府将调整财政支出结构，盘活沉淀资金，保障基本民生和重点项目。

政府保持稳健中性的货币政策，广义货币M2增速呈下降趋势，信贷和社会融资规模适度增长。其一，采取定向降准、专项再贷款等差别化政策，加强对重点领域和薄弱环节支持，小微企业贷款增速高于各项贷款平均增速；其二，改革完善汇率市场化形成机制，保持人民币汇率基本稳定，外汇储备转降为升；其三，妥善应对"钱荒"等金融市场异常波动，规范金融市场秩序，防范化解重点领域风险，守住了不发生系统性风险的底线，维护了国家经济金融安全。

综合而言，中国政府采取积极财政政策，在有效降低了企业的税负成本的同时，通过加强地方债务管理促进了地方政府债务合理处理和消化，为基础设施建设优化了地方债务环境。

中国目前积极的财政政策和稳健的货币政策将继续维持一段时间，企业所面临的投资环境及融资环境将进一步得以规范，企业投融资行为将被规范的政策所监管。

2.2.4　人均可支配收入增加及恩格尔系数持续回落

依据《中华人民共和国2017年国民经济和社会发展统计公报》（以下简称《公报》），全年全国居民人均可支配收入25974元，同比增长9.0%，扣除价格因素，实际增长7.3%，结合国民生产总值增速变化的趋势可知，在2013—2017年期间，人均可支配收入增速高于国内生产总值的增速，人们消费实力进一步加强，如图2-4所示。

图2-4　2013—2017年全国居民人均可支配收入及其增长速度

注：数据来自国家统计局。

进一步结合恩格尔系数①展开分析，依据图2-5所示，我国恩格尔系数在2013—2017年期间呈下降趋势，2017年其取值已为29.39%，进入了联合国划分的20%~30%的富足区间，意味着人们会将更多的消费支出用到耐用消费品

---

①　恩格尔系数为食品支出总额占消费支出总额的比重；本书以居民人均食品烟酒消费支出/居民人均消费支出作为计算公式。

特别是一些服务类的消费当中，人们对消费品的质量将提出更高的要求。

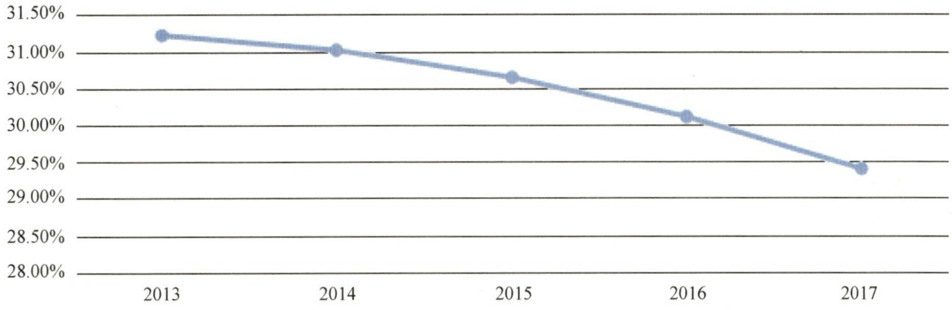

图 2-5　2013—2017 年全国恩格尔系数

注：数据来自国家统计局网站。

综合而言，人均可支配收入水平的提高，且其增速高于国内生产总值增速，消费对经济增长的带动力量将得以加强，与此同时，恩格尔系数的下降，将推动消费结构升级和消费层次提高，消费产生新诉求。

2.2.5　对外投资深入调整

2017 年，商务部认真贯彻落实党中央、国务院决策部署，牢固树立新发展理念，以"一带一路"建设为引领，加强规划引导、推进业务创新、强化监管服务、加大政策支持、营造良好环境、有效防范风险，对外投资合作实现健康规范发展。2017 年全年，我国境内投资者共对全球 174 个国家和地区的 6236 家境外企业新增非金融类直接投资，累计实现投资 1200.8 亿美元，同比下降 29.4%，非理性对外投资得到切实有效遏制。

2017 年我国在建筑业方面的对外直接投资额（不含银行、证券、保险）为 73 亿美元，比上年增长 37.5%。全年对外承包工程业务完成营业额 11383 亿元，按美元计价为 1686 亿美元，比上年增长 5.8%。去年我国共建"一带一路"取得积极成效，"一带一路"建设进入全面务实合作新阶段。其中，我国企业对"一带一路"沿线国家承包工程业务完成营业额 855 亿美元，比 2016 年增长 12.6%，占对外承包工程业务完成营业额比重为 50.7%。

综合而言，虽然对外投资规模有所下降，但在"一带一路"倡议支持下，非理性对外投资得到切实有效遏制，对外投资结构逐渐完善，其中，"一带一路"沿线国家承包工程助推建筑业对外投资增长迅速。

2.2.6　经济环境对建筑业的影响分析

建筑业的发展与宏观经济发展密切相关，虽然 2017 年建筑业增加值（55689 亿元）占国民经济生产总值的 6.7%，但其增速已经回落至 4.3%，低于国民经济增速6.9%。

随着中国宏观经济增速减缓步入新常态，全社会固定资产增速持续回落，建筑业增速很可能继续回落，增长乏力，具体而言，东中部地区的规模效应依旧明显，建筑业发展所需的投资规模效应依旧明显，但西部地区的发展增速相对较高，发展潜力相对较大。

同时，虽然随着积极财政政策的推行，诸如最新财税改革提出增值税税负等税率相应降低，建筑企业的经营税负成本将有所降低，但货币政策转为了稳健状态，社会融资成本及规范性得以提升，社会融资规模受限，金融市场竞争凸显，建筑企业的融资成本将可能提升。

此外，人均收入水平提高，消费结构逐渐升级，消费水平逐步提高，人们对于建筑产业的产品诸如房地产、基础建设的要求将会提升，对于智能化、信息化等品质性需求将可能浮现，将对建筑产业产生冲击。

最后，"一带一路"催生建筑业对外发展机遇。

总体而言，国内宏观经济增长放缓、固定资产投资增长乏力、金融市场趋严以及消费结构升级，制约国内建筑业的增长；"一带一路"倡议，推动国外建筑市场增长，国内与国外建筑市场有分化迹象。

2.3 社会环境

2.3.1 人口红利消失

建筑业是典型的劳动密集型产业，建筑业从业人员年龄普遍偏大，建筑一线工作人员劳动力老龄化高于其他行业，新生代务工人员对传统建筑业的"脏、难、苦、险"心存排斥，建筑劳动力资源缩水，建筑队伍后继乏人，熟练的建筑工人已成为稀缺资源，特别是中国人口红利2013年出现拐点，导致劳动成本进一步上升，会直接影响企业发展和利润，必须用更高的劳动生产率增长来维持人均国民生产总值不下降，建筑产业现代化是必经之路（图2-6）。

2011—2016年，全国农民工数年增速从＋4.4%降至＋1.5%，降幅高达2.9%。新生代农民工占比超过50%。在求职意愿上，老一代农民工偏好建筑行业的比例约28.9%，而新一代农民工仅19.6%，建筑业用人荒较其他行业更严重。成本拐点将重塑建筑行业生产模式，随着建筑业人工费成本持续上涨，从劳动密集型向技术密集型升级是必然趋势（图2-7）。

2.3.2 新型城镇化发展

建筑业是城镇化建筑的具体实施者，中国目前处于城镇化快速发展阶段，

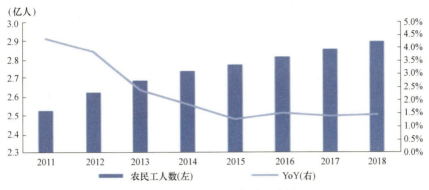

图 2-6　全国农民人数增速放缓

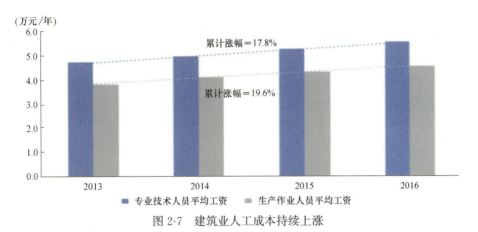

图 2-7　建筑业人工成本持续上涨

2017年城镇化率达到58.52%，预计2025年达到65.5%，2030年达到70%，随后基本稳定，可能进入逆城市化阶段，转向小城镇和乡村发展。据相关报告分析，城镇化率每推进1.5个百分点，将拉动建筑业产值增长20%。城镇化快速发展带来了很多问题，我国现代化建设走向新型城镇化道路，新型城镇化的重点发展方向是智能、绿色和低碳，它要求建筑产业改变高消耗、高投入、低收益的现状，建筑业作为新型城镇化的重要支撑产业，利用住宅产业化实现建材、建筑产业的转型升级，是助推新型城镇化建设的重要抓手，是实现城市建设与产业融合的有效举措。

2.3.3　教育水平提高

建筑一线工作人员受教育水平普遍低于国家水平，主要劳动年龄人口人均受教育年限进一步提高，导致从事建筑一线工作人员下降。另外，国家要求提高从业人员素质，引导企业将工资分配向关键技术技能岗位倾斜，促进建筑业农民工向技术工人转型势在必行。

2.3.4 彰显文化自信

建筑是石头书写的史书,是最为形象的文化符号,城市建筑贪大、媚洋、求怪等乱象由来已久,反映出我国建筑行业缺乏文化自信。文化自信的发展可以提升人的审美,促进消费观念和生活习性的改变,导致建筑外观和内部样式发生变化,以及建筑的功能发生变化,故须抓紧构建体现民族特色、符合时代需要的中国特色的现代建筑,从而实现建筑文化自信,要求建筑观念必须现代化,从过去的"经济适用"向新的"美观、节能环保、可持续发展"的新观念转变。

2.4 技术环境

技术环境是指与建筑业生产经营活动相关的科学技术要素的总和,它既包括导致社会巨大发展的、革命性的产业技术进步,也包括与建筑业生产直接相关的新技术、新工艺、新材料的发明情况、应用程度和发展趋势,还包括国家和社会的科技体制、科技政策和科技水平。随着科学技术是第一生产力的提出,中国建筑业技术在最近几十年也得到了迅猛发展。

2.4.1 建筑技术变迁

建筑技术变迁见表2-2。

建筑技术变迁图　　　　　　　　　表2-2

时间	200万年前—公元前4000年	公元前4000年—公元初年	公元初年—18世纪50年代	18世纪60年代—19世纪40年代	19世纪60年代—20世纪初(一战)	20世纪四五十年代—2010年	21世纪20年代—
时代属性	石器时代	青铜时代	农业时代	蒸汽时代	电气时代	信息时代	智能时代
建筑相关特征	原始住居、山洞、树洞、草棚等	利用天然材料,简单的结构体系	采用石料、木材、土砖瓦等,开始出现宫殿等古建结构体系	铁、钢、水泥、钢筋混凝土等材料应用,结构科学化发展出现新的建筑形制,比如大型工业建筑和服务性建筑	使用塑料、纤维、纳米材料,应用预应力钢筋混凝土装配式建筑、钢结构,使用BIM技术等	机器人构造、智能家居、一键买房、虚拟建筑

建筑材料由天然的树枝、泥土、石料、木材,到人造的砖瓦、石灰、水泥、玻璃、钢铁等,再到合成的塑料、纤维、纳米材料。建筑方式由原始的石器到金属、斧、锯等,建筑机械由手工操作、半手工操作、机械化到自动化,建筑样式从树洞、土房、木屋、石屋、阁楼、竹屋等到砖房、砖混房、钢筋混凝土房、玻璃钢构等。

2.4.2 信息化势所必然

全世界都在朝着信息化方向发展,信息技术是当代最具潜力的新兴生产力,建筑行业的信息化整体起步较晚,在资产、应用和劳动力方面,信息化程度都很低,在中国建筑企业广泛存在着欠缺信息化人才以及信息化技术衰弱的状况,国际建筑业信息化率平均水平为0.3%,而我国这一数字仅为0.03%,基于我国建筑业现有的庞大体量测算,信息化率每提升0.1个百分点就将带来近200亿的增量市场。建筑信息化的未来提升空间巨大,据有关数据分析,通过应用各种信息技术可使英国建筑业在5年内节省30%的建设项目成本,同时美国招标网和建造网也都指出通过将建筑市场带入互联网可节约30%~35%的项目成本,国外企业的成功经验表明信息化手段已成为降低建设项目成本的最佳途径。信息化的发展必然打破建筑业的传统分工,带来资源的重新分配,必将极大地促进建筑领域生产方式的变革。

2.4.3 建筑行业新技术的应用

与建筑业生产直接相关的新技术、新工艺、新材料技术在最近几十年也得到了迅猛发展,BIM技术得到大力推广,高强度、高性能的结构材料开始应用,建筑保温与新能源得到广泛认可。

2.4.3.1 在设计技术方面

在过去的20年中,CAD(Computer Aided Design)技术的普及推广使建筑师、工程师们从手工绘图走向电子绘图。甩掉图板,将图纸转变成计算机中2D数据的创建,可以说是工程设计领域第一次革命。CAD技术的发展和应用使传统的设计方法和生产模式发生了翻天覆地的变化,这不仅把工程设计人员从传统的设计计算和手工绘图中解放出来,可以把更多的时间和精力放在方案优化、改进和复核上,设计效率提高十几倍到几十倍,大大缩短了设计周期,提高了设计质量。BIM(Building Information Model)——建筑信息模型,为工程设计领域带来了第二次革命,从二维图纸到三维设计和建造的革命,对于整个建筑行业来说,建筑信息模型(BIM)是一次真正的信息革命。

2.4.3.2 在施工机械化方面

在我国"人口红利"消失殆尽后,人员成本高、风险高的问题更加突出,因此机器人走到了施工行业研究的台面上。王石也曾公开表示万科在关注机器人行业，而中南建设等企业正在尝试用机器人去取代部分人工。最近，流行的一个热词是"工业4.0"，这也应验了这一判断，也许建筑业的工业4.0马上就要来了。砌墙机器人、施工机器人、焊接机器人等多工种且身手不凡的机器人在建筑领域挥洒自如（图2-8）。

图2-8 施工机器人

2.4.3.3 在建筑材料技术方面

RPC、UHPC等高强混凝土结构材料的研发应用，大幅度提高了混凝土材料的强质比，给混凝土结构的设计应用提供了更高的可能性；气凝胶是一种固体物质形态，目前最轻的气凝胶仅有$0.16mg/cm^3$，比空气密度略低，导热系数可低至$0.02W/(m·K)$，随着节能减排的力度增大，气凝胶有着广阔的应用前景；高强钢筋具备强度高、综合性能优的特点，用高强钢筋替代目前大量使用的335MPa级螺纹钢筋，平均可节约钢材12%以上，按照当前我国工程建设规模，如果将高强钢筋应用比例从目前的35%提高到65%，每年大约可节省钢筋1000万t，相应减少1600万t铁矿石、600万t标准煤、4100万t新水的消耗，同时减排2000万t二氧化碳、2000万t污水和1.5万t粉尘，具有显著的环境价值；纤维钢筋（纤维增强筋），是以高强玻璃纤维、玄武岩纤维等为增强材料、合成树脂及辅助剂等为基体材料，经拉挤牵引成型的一种新型复合材料，具有质量轻、易切割、腐蚀性强等特点（图2-9）。

2.4.3.4 在新能源利用方面

地源热泵是陆地浅层能源通过输入少量的高品位能源（如电能）实现由低品位热能向高品位热能转移的装置。地源热泵是一种利用土壤储藏的太阳能资源作为冷热源，进行能量转换的供暖制冷空调系统，地源热泵利用的是清洁的可再生能源的一种技术，通常地源热泵消耗1kWh的能量，用户可以得到4.4kWh以上的热量或冷量（图2-10）。

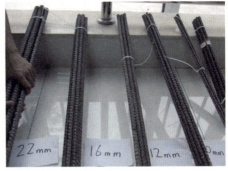

图 2-9　建筑材料

图 2-10　建筑地源热泵

2.4.4　革命性技术发展对建筑业的影响

分为四个领域：第一个是连接和传感，就是人们经常提到的"物联网世界"；第二个是"机器人与自动化"，让科技帮你做事；第三个是"流程数字化"，能减少操作失误且智能优化工作流程；最后一个是"智能分析"，演化成人工智能。目前最主要的革命技术比如人工智能，借助"信息＋互联网＋大数据云＋计算规则"的策略，基于深度学习的复杂算法、模仿人类的思维、推动程序性决策，简单规则的决策快、准、稳已经成为现实。随着 AI 在建筑业的应用，可能会渗透到建筑的全生命周期中去，材料与构件生产、规划与设计、建造与运输、运行与维护直到拆除与处理（废弃、再循环和再利用等）的全循环过程中都会有 AI 的参与，另外未来房子本身也会人工智能化，从智能建筑到智能家居，都会要求传统建筑业变革，故人工智能的发展将推动传统建筑企业思维和工作方式的转变，打通建筑产业链，成为一个建筑产业的集成建筑服务商。

2.4.5 未来建筑业畅想

整个行业将会越来越专注于创新，基础设施将从传统的钢筋与混凝土发展到包括适应新环境的新型原材料。通过3D和4D打印技术，以及自组装的可变形模块，建设速度将会提高，建筑工人会越来越多地使用外骨骼等可穿戴技术，机器人将会在建筑行业变得更加普及。行业的形态和服务将会发生巨大变化，如新的商业模式、产品和服务。也许买房子就像买手机一样，建筑设计师和装配式销售师会像营业员一样，买房子的人可以自由选择房屋样式和材料，PC构件超市会越来越普及。新的岗位和行业将会被创造，而一些岗位和行业则会消失，特别是那些低技能或零技能角色，以及那些依赖于重复性的工作岗位。

2.5 资源环境

2.5.1 资源约束趋紧

我国资源禀赋缺陷明显，资源总量大、种类全，但人均少，质量总体不高，主要资源人均占有量远低于世界平均水平。资源需求刚性增长，随着新型工业化、信息化、城镇化、农业现代化同步发展，资源需求仍将保持强劲势头。资源利用方式较为粗放，目前单位国内生产总值用水量和能耗分别是世界平均水平的3.3倍和2.5倍，矿产资源利用水平总体不高。在2018年的国务院机构改革方案中提出组建自然资源部，体现我国在资源管控和利用方面的改革决心，建筑业面对资源约束趋紧应主动尊重自然、顺应自然、保护自然，积极贯彻落实生态文明理念，大力推动建筑产业现代化的进程是走可持续发展的必然选择。

2.5.2 能源日益短缺

在全球能源日益短缺的情况下，我国的能源状况不容乐观，能源蕴藏量位居世界前列，同时也是世界第二大能源生产国与消费国，已经探明的油气资源与大宗矿产资源严重紧缺，能源消费总量不断增长，能源利用效率较低，其中，建筑业及其相关产业能耗占全社会总能耗比重达51%，所消耗的建筑钢材和水泥占全球的50%，建筑资源化利用率不足10%，而欧盟国家的建筑资源化利用率达到50%，故而推动建筑节能和提高建筑资源化利用率对缓解我国能源短缺问题具有重大意义，建筑"绿色革命"势在必行。

2.5.3 环保需求日益强烈

进入21世纪以来，快速城镇化和经济持续增长，对资源的利用、能源的消耗和废弃物的排放都在同步增长，环境问题已经相当严峻，保障人民群众生活的最基本环境安全需求的重要性日益凸显，推动绿色发展、加快绿色转型是解决生态环境问题的根本之策。建筑业贡献的温室气体占总排放的15%，为保证我国建筑业的可持续发展，发展绿色建材和绿色的建筑方式是实现建筑行业实现转型升级的必走之路。

根据"十三五"规划，2020年每万元GDP能耗应当比2015年下降15%。装配建筑模式较传统模式用电量下降11.9%，用水量下降32.5%，建筑废弃物和各种污染物排放也得到大幅减少，符合节能减排要求。

3 中国建筑业行业运行现状

3.1 中国建筑业监管发展现状

3.1.1 建筑业监管体系现状

根据《国民经济行业分类》GB/T 4754—2017，建筑业是我国国民经济二十大行业之一，主要划分为房屋建筑业，土木工程建筑业，建筑安装业，建筑装饰、装修和其他建筑业四大行业。根据市场准入制度和专业化分工的不同，涉及房屋、铁路、道路、隧道、桥梁、水利和港口、矿山、电力工程与发电机组设备安装、海洋石油工程及安装、架线和管道等方面。

3.1.1.1 主要监管部门

（1）住房和城乡建设部及地方各级建设主管部门

对建筑施工行业实行分级管理。主要体现在市场主体资格和资质的管理，包括各类建筑企业进入市场的资格审批、查验和资质的认可、确定，建筑业中各类个人职业（执业）资格的审批，行业标准的建立等。

（2）国家及地方发展改革委

负责全国的基础设施建设工程的投资规划、核准审批等。

（3）商务部及地方各级商务管理部门

负责对外工程承包企业的经营资格、项目投标、对外投资设立公司以及外商投资经营建筑业的监督管理。

（4）水利部

拟定水利工作的方针政策、发展战略和中长期规划，组织起草有关法律法规并监督实施；统一管理水资源（含空中水、地表水、地下水）；指导水利行业的供水、水电及多种经营工作；编制、审查大中型水利基建项目建议书和可行性报告；组织拟定水利行业技术质量标准和水利工程的规程、规范并监督实施等。

（5）交通运输部

管理全国公路建设市场，地方各级交通行政主管部门管理本地区公路建设市场,在公路工程建设项目上,实行统一领导、分级管理。

3.1.1.2 建筑行业的主要法律法规

目前,我国建筑业已基本形成了多层次、多门类、较完善的法律法规体系,包括行业资质管理、行业业务标准、行业技术认定、行业质量管理等。

1. 针对建筑施工业监管的主要法律、法规及规范性文件

相关法律、法规及规范文件包括:《中华人民共和国建筑法》《中华人民共和国招标投标法》《建设工程质量管理条例》《建筑工程安全生产管理条例》《建筑业企业资质管理规定》《外商投资建筑业企业管理规定》《房屋建筑和市政基础设施工程施工招标投标管理办法》《工程建设项目施工招标投标办法》《公路工程施工招标投标管理办法》《水利工程建设项目施工招标投标管理规定》等。此外,我国针对勘察设计、监理行业的监管还制定了特别规定:针对勘察设计行业的特别规定包括《建设工程勘察设计管理条例》《建设工程勘察设计市场管理规定》《建设工程设计招标投标管理办法》《工程建设项目勘察设计招标投标办法》《建设工程勘察设计资质管理规定》《建设工程勘察质量管理办法》《勘察设计注册工程师管理规定》等。

下面主要对相关主体的资质要求和招标投标管理做简单介绍:

(1) 相关实施主体的资质要求

1) 施工总承包、专业承包和劳务分包的资质

根据《建筑业企业资质管理规定》,我国将建筑企业资质分为施工总承包、专业承包、劳务分包三个序列,各个序列有不同的专业类别和级别。所有建筑企业都必须持有相应的资质等级证书,并且只能承揽资质范围内的工程建设任务。

取得施工总承包资质的企业,可以对工程实施施工总承包或者对主体工程实施施工承包。施工总承包企业可以对所承接的工程全部自行施工,也可以将非主体工程或者劳务作业分包给具有相应专业承包资质或者劳务分包资质的企业。

取得专业承包资质的企业,可以承接施工总承包企业分包的专业工程或者建设单位按照规定发包的专业工程。专业承包企业可以对所承接的工程全部自行施工,也可以将劳务作业分包给具有相应劳务分包资质的劳务分包企业。

取得劳务分包资质的企业,可以承接施工总承包企业或者专业承包企业分包的劳务作业。

2) 勘察设计企业的资质

根据《建设工程勘察设计企业资质管理规定》,建设工程勘察、设计企业资质分为工程勘察资质和工程设计资质。

工程勘察资质分为工程勘察综合资质、工程勘察专业资质、工程勘察劳务资质。

工程设计资质分为工程设计综合资质、工程设计行业资质、工程设计专项资质。

3）工程监理企业的资质

根据《工程监理企业资质管理规定》，工程监理企业资质分为综合资质、专业资质和事务所资质。其中，专业资质按照工程性质和技术特点划分为若干工程类别。综合资质、事务所资质不分级别。专业资质分为甲级、乙级，其中，房屋建筑、水利水电、公路和市政公用专业资质可设立丙级。

4）对外承包工程及对外劳务合作资质

根据《中华人民共和国对外贸易法》《对外承包工程管理条例》及其他相关法律、法规的规定，对外承包工程业务实行经营资格许可制度，凡从事对外承包工程业务的企业，须事先向商务部申请对外经济合作经营资格。根据《中华人民共和国对外贸易法》《对外劳务合作经营资格管理办法》等规定，从事对外劳务合作的企业须经商务部许可，须依法取得对外劳务合作经营资格。

（2）招投标管理要求

1）必须进行招标及投标的项目

根据《中华人民共和国招标投标法》，在中华人民共和国境内进行下列工程建设项目包括项目的勘察、设计、施工、监理以及与工程建设有关的重要设备、材料等的采购，必须进行招标：大型基础设施、公用事业等关系社会公共利益、公众安全的项目；全部或者部分使用国有资金投资或者国家融资的项目；使用国际组织或者外国政府贷款、援助资金的项目。

招标分为公开招标和邀请招标。国务院发展计划部门确定的国家重点项目和省、自治区、直辖市人民政府确定的地方重点项目不适宜公开招标的，经国务院发展计划部门或者省、自治区、直辖市人民政府批准，可以进行邀请招标。

2）投标

投标人应当具备承担招标项目的能力；国家有关规定对投标人资格条件或者招标文件对投标人资格条件有规定的，投标人应当具备规定的资格条件。建筑、勘察、设计及监理企业作为投标人可以单独投标，也可由两个以上法人或组织组成一个联合体共同投标。

3）中标

招标人将根据评标委员会编制的书面评标报告和提出的推荐意见确定中标人，或者授权评标委员会直接确定中标人。中标人必须最大限度地满足招标文件中规定的各项综合评价标准；能够满足招标文件的实质性要求，并且经评审的投标价格最低，但是投标价格低于成本的除外。

中标人确定后，招标人应当向中标人发出中标通知书，并同时将中标结果通知所有未中标的投标人。中标通知书对招标人和中标人具有法律效力。

2. 关于境外建筑承包经营的主要法律法规

关于境外建筑的相关法律法规主要包括《中华人民共和国对外贸易法》《对外承包工程管理条例》《对外承包工程项目投标（议标）许可暂行办法》《对外劳务合作经营资格管理办法》《对外承包工程项下外派劳务管理暂行办法》等。

3.1.2　建筑业监管体制不健全

我国当前是市场经济建设初期，建筑市场发育尚不完善，体制和机制还未完全理顺，尚未形成一个统一开放的、体系完备的、有序竞争的建筑市场。

3.1.2.1　管理条块分割严重，部门之间职责不清

一方面建筑业管理事实上被各个专业部门分割控制，资源配置重复浪费；另一方面即使在行业内部统一的管理也责任不清。许多规范性事务如建立、健全法制，维护建筑市场秩序，以及对建筑产品的质量、安全执行监督管理等都尚不到位。而另一些如企业的具体经营和生产活动，技术规范、标准和合同文本的制定，以及从业人员的资格考试和认证等事务下放授权力度不够。其后果是干扰了建筑市场的正常运行和企业的活动，使企业的经营和生产困难重重。

3.1.2.2　工程招标投标秩序紊乱

我国当前开展工程招标投标存在业主规避招标和招标投标弄虚作假、行业垄断和地区垄断及地区封锁、少数权力部门违法干预工程招标投标等突出问题。

在建筑行业，工程招标投标过程中的"围标串标"现象，较为常见，投标人围标串标的表现形式也趋于多元化，包括投标人之间相互串通投标、投标人与评标人串通投标、投标人与招标代理机构串通投标等多种形式；还有一些施工企业允许他人挂靠参与招标投标，投标人之间串通投标、围标；甚至在有的地区，存在建筑管理、招标监管、工程交易、招标代理机构四块牌子，均为一套班子的情况，职责交叉，岗位不明确，存在垄断现象，由此导致招标投标活动监管困难，招标代理机构行为不规范，只注重收费，而实际却无编制招标文件和组织评标的相应专业力量。

合理最低价评标法在建筑行业中使用广泛，它能最大限度地节约资金，使招标人达到最佳的投资效益。很多时候，该方法的运用背离初衷，无原则的最低价中标成为行业发展一大诟病。最低价中标往往使承建商无利可图甚至赔本，低价中标以后，甲乙方互相扯皮，甚至发生偷工减料的现象，影响工程质量，承建商的应对手段往往是工程停建、恶意拖欠薪酬等。更为严重的是，最低价中标已蔓延到海外，某些中资企业忽视了海外对中标者严厉的履约要求，忽视了企业的合理利益诉求，习惯性采用最低价中标。我们也经常能看到中资企业竞标成功却最终亏损的例子。

3.1.2.3 市场主体资质挂靠乱象

建筑业企业资质管理制度初衷是为了提高建筑市场的准入门槛，防止很多施工企业不根据自己的实际能力随意揽工程，但被部分企业变成了某种程度上的"资质垄断"，这些建筑公司通过出租资质，收取"管理费"，却对实际施工过程并不监管，在签订资质挂靠合同时也会注明对工程质量、工伤事故等概不负责，对于这些企业来说，可以通过挂靠工程获得虚假营业额从而进一步扩大公司规模。而通过租赁资质来获得工程的企业很多本身无足够能力承接工程，这对在建工程的安全具有较大隐患。挂靠资质的现象是违法行为，《中华人民共和国建筑法》中已明确对挂靠行为做出了禁止性规定。

3.1.2.4 建筑市场信用体系建设滞后

逐级压价、垫资施工、拖欠工程款、索取回扣等问题一直是建筑业的顽症，信用体系尚未建立，综合执法体系有待强化，市场主体缺乏信用意识，履约意识较为薄弱，建筑市场信用体系建设明显滞后。

市场秩序要靠监管，更要靠市场主体的信誉重塑。建筑市场供大于求的背后存在着严重的无序竞争与资源浪费。生产能力过剩主要是追逐利润的企业与利益集团太多，真正有行为能力的企业和人才还是不足。从政府的层面应尽快实施新的招标办法，还招标权于建设单位，保证市场的公开透明，逐步消除寻租现象的干扰和交易成本的过高。就企业层面而言要主动规范主体的行为，营造诚信经营的形象。诚信经营也是一种竞争力，未来企业在提供新的增值服务中提高信誉的空间很大，同时行业诚信体系的建立还可以大大降低企业经营的风险。

目前，相关部门已在探究和初步建立规范建筑业各方主体行为的长效机制，但在短期之内，建筑业还将处于市场规范程度较低的局面。

3.2 中国建筑业技术发展现状

3.2.1 建筑业技术标准现状

目前我国建筑工业化程度与国外发达国家相比还有很大差距，相关技术标准体系还很不完善。新型工业化建筑的生产要求标准化的设计、工厂化的生产和装配化的安装，这就需要一套完善的技术标准使各个环节有效衔接起来。因此，发展新型建筑工业化，制定一套完善的技术标准是前提。我国国家、地方和相关企业已经颁布了一套有关工业化建筑的标准，指导着我国新型建筑工业化发展。但是，这些标准还存在着国家统一标准较少，标准不统一和相关标准缺失的问题，诸如工程建筑安全、质量、性能、节能等强制性指标统一，绿色建筑从设计、施工到运营完成标准规划标准体系等。

3.2.1.1 国家标准

表3-1中所列标准涉及建筑设计、建筑产品、结构设计和施工验收四个方面，其中既有针对工业化建筑而制定的标准，也有针对传统建筑制定和装配式建筑混凝土结构的标准。针对工业化建筑的标准大部分颁布较早，已不能满足新型工业化建筑的要求，应结合新材料、新技术和新工艺等进行修订。传统建筑标准中关于装配式混凝土结构的规定不够深入，应进行深化完善。

新型工业化建筑国家标准　　　　　　　　　　　　　　　表3-1

编号	名称	颁发部门
GB/T 50002—2013	建筑模数协调标准	住房和城乡建设部
GB/T 5824—2008	建筑门窗洞口尺寸系列	国家质量监督检验检疫总局
GB/T 11228—2008	住宅厨房及相关设备基本参数	国家标准化管理委员会
GB/T 11977—2008	住宅卫生间功能及尺寸系列	国家质量监督检验检疫总局 国家标准化管理委员会
GB 50010—2010	混凝土结构设计规范	住房和城乡建设部
GB 50204—2015	混凝土结构工程施工质量验收规范	住房和城乡建设部

3.2.1.2 行业标准

表3-2中所列出标准大部分为建筑产品标准，另外还有两部集设计和施工于一身的综合规程以及一部抗震标准。与国家标准情况相似，针对工业化建筑的标准颁发时间较早，应结合现状修订，传统建筑标准中关于工业化建筑的规定应深化完善。

新型工业化建筑行业标准　　　　　　　　　　　　　　　表3-2

编号	名称	颁发部门
JGJ 1—2014	装配式混凝土结构技术规程	住房和城乡建设部
JGJ 224—2010	预制预应力混凝土装配整体式框架结构技术规程	住房和城乡建设部
JG/T 219—2017	住宅厨房家具及厨房设备模数系列	住房和城乡建设部
JG/T 184—2011	住宅整体厨房	住房和城乡建设部
JG/T 183—2011	住宅整体卫浴间	住房和城乡建设部
JG/T 562—2018	预制混凝土楼梯	住房和城乡建设部
JGJ 116—2009	建筑抗震加固技术规程	住房和城乡建设部

3.2.1.3 地方标准

从表3-3中可以看出，各地区已出台的针对新型工业化建筑的技术标准在内容上基本一致，大致可分为总则、术语解释、材料要求、建筑设计、结构设计、施工和验收。且各技术标准和规范都集中大部分篇幅对结构设计进行了详细规定，而其他章节则只做了原则性规定，比较概括，不够具体、详细，具有一定的指导作用。

沈阳市作为全国首个国家现代建筑产业化试点城市，在制定技术标准方面明显领先于其他地区。在住房和城乡建设部、省住房城乡建设厅等部门的指导和大力支持下，沈阳市组织中建标准院、中建东北院、中建设计集团、沈阳建筑设计院等设计单位，以现代建筑产业化工程建设为依托，不断丰富完善装配式建筑技术标准体系，在构件制作与验收、工程质量、安全、节能、监测等方面开展技术标准体系研究标准工作。

新型工业化建筑行业标准　　　　　　　　　　　　　表 3-3

所属地方	名称	编号
深圳市	预制装配整体式钢筋混凝土结构技术规范	SJG 18—2009
江苏省	预制装配整体式剪力墙结构体系技术规范	DGJ32/TJ 125—2001
黑龙江省	预制装配整体式房屋混凝土剪力墙结构技术规范	J11693—2010
上海市	装配整体式混凝土住宅体系设计规程	DG/TJ108-2071—2010
辽宁省	装配整体式混凝土技术规程	DB21/T1872—2011
辽宁省	预制混凝土构件制作与验收规程	DB21/T1872—2011
辽宁省	装配式建筑全装修技术规程	DB21/T1893—2011
辽宁省	装配整体式建筑设备与电气技术规程	DB21/T1925—2011
辽宁省	装配整体式建筑技术规程	DB21/T1924—2011
沈阳市	装配整体式混凝土构件生产和施工技术规范	DB2101/TJ07—2011

3.2.2　建筑业技术水平现状

对建筑产业整体而言，除了从业人员不断地积累知识和技术，从组织管理水平方面带来的技术进步，建筑产业的技术创新和进步主要包括：设计创新、材料创新、结构创新和施工创新。

(1) 在建筑设计方面，不断地改善建筑类型和使用效果，节约用地，满足人们更高的需求，持续发展标准化设计，为建筑产业实现工业化生产创造条件；在建筑材料创新方面，研发具有轻质、高强、保温、耐火等功能的新型材料，满足施工的特殊需要，充分利用各种废料进行再生产，节约资源，保护环境。

(2) 在结构创新方面，向大跨度结构、薄壳结构、悬索结构等新型结构形式发展，采用装配式结构，向标准化建筑发展，更多地采用通用构件，以此达到缩短工期、减少现场作业的目的。

（3）在建筑施工创新方面，采用工业化和机械化的施工方法，推广先进的生产工艺以及施工组织流程，提高工程质量，缩短工期。

总体而言，建筑行业的综合素质提高不快，新装备、新材料、新工艺的使用水平不高，同发达国家相比差距较大。长期以来，中国建筑业习惯于粗放式经营，科技开发和投入较少，以致于建筑企业设备陈旧、技术落后、科技含量低。今后，需加大先进、适用的新技术、新工艺、新机具的推广力度，提高行业技术装备水平，提高施工现场劳务作业人员素质。

3.2.2.1 技术创新相对滞后

建筑业作为我国国民经济的支柱产业，在我国经济建设、城市化发展的进程中发挥了重要作用。专利申请及授权的数量是一个产业技术创新程度的重要指标。

2015年底我国建筑业的专利授权数量（发明专利＋实用新型专利）为85466件，只占专利授权总量的6.92%。截至2015年底，我国注册登记的建筑业企业数量为80911家，考虑到实用新型专利与产业的经济状况相关性不强，仅考察发明专利的情况，我国建筑业2015年平均每家企业的发明专利授权数量为0.16件，而日本的这一数据为0.45件，约为日本的1/3（图3-1）。

技术进步对建筑业的贡献率仅为0.07%，劳动投入的贡献率为11.73%，而资本投入的贡献率高达88.2%，即在建筑业的产业增长中，技术进步的贡献份

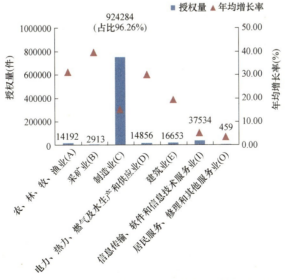

图3-1 2010—2014年门类产业发明专利授权分布

额与劳动、资本相比依然很小，以至于建筑业历来被认为是一个缺乏创新的行业，这与技术创新正逐渐成为产业增长最主要源泉的潮流是格格不入的，也不利于建筑业自身经济增长方式的转变。

3.2.2.2 工业化程度低

建筑工业化，是指通过现代化的制造、运输、安装和科学管理的生产方式，来代替传统建筑业中分散的、低水平的、低效率的手工业生产方式。它的主要标志是建筑设计标准化、构配件生产工厂化，施工机械化和组织管理科学化。

图 3-2 为近十年建筑业企业技术装备率和建筑业企业动力装备率的趋势，从中可以看出，建筑业企业技术装配率在 2007—2014 年期间呈现上升趋势，技术装配水平有所提升，但是 2014 年之后，技术装配率呈下降趋势，建筑技术装配水平有所下降。建筑业企业动力装备率的情况与技术装配率水平基本类似，基本处于 5kW/人左右的水平。由此可见，近十年来中国建筑业在技术装配率上基本处于徘徊停滞阶段，对新技术、新装配的利用水平并没有提升，劳动密集型产业特性依然较为明显，机械化施工特征不明显。

图 3-2 建筑业企业技术装备率和建筑业企业动力装备率的趋势图

中国工程院土木水利与建筑工程学部院士周福霖也曾表示："当前中国建筑工业化程度仅为 3%～5%，欧美建筑工业化达 75%，瑞典高达 80%，日本也达到 70%"。这表明中国建筑工业化程度与欧美发达国家的差距已超过 10 倍。

3.2.2.3 信息化程度不高

建筑企业信息化大体经历了以下四个阶段：

1. "岗位级"应用阶段。通常称为"建筑业信息化 1.0"

这一阶段主要是为岗位服务的通用信息技术、计算机辅助办公、专业工具软件产品的应用。包括计算机辅助设计；文字、图表处理电子化（办公软件）；计算机辅助结构计算、工程预算、钢筋下料、工程算量、模拟施工、3D建模、测量定位、图像处理等。目前，不少企业的信息化应用水平大体处于这个阶段。

2. "部门级"应用阶段。通常称为"建筑业信息化2.0"

此阶段信息技术与管理模块融合，局部的、专业部门业务管理子系统的产品较为成熟，应用比较广泛，显著提高了管理水平。企业应用的主要业务系统有：办公自动化系统、财务管理系统、企业门户系统、人力资源管理系统、视频会议系统、档案管理系统、项目管理系统、决策支持系统等。这个阶段，已经在零散的软硬件应用基础上实现了特定模块的集成，可以称之为信息化的"中学阶段"。

目前，大部分大中型企业或者说大部分总承包特级、一级资质企业和部分发展比较好的专业承包资质企业处在这个阶段。

3. "企业级"应用阶段。通常称为"建筑业信息化3.0"

这是企业管理信息集成应用阶段，此阶段信息互联技术与企业管理体系整体融合，总体性企业数据贯通的集成应用基本实现，应用效果明显。

行业内仅有少数优秀企业达到了企业级管理信息集成应用水平。

4. "社会级"应用阶段。通常称为"建筑业信息化4.0"

这是信息化发展的方向，也是"互联网"的真正内涵所在。目前，少数优秀的大企业集团在"互联网"的鼓舞下，已经开始未雨绸缪，组织专门力量与IT产业的专业公司联合研究，积极探索，寻求突破，这是值得推崇的。它是建筑企业乃至整个建筑行业信息化的发展方向和目标。

总体而言，目前建筑行业的信息化水平正处于部门级应用为主的发展阶段，也就是正处在建筑业信息化2.0阶段，真正达到信息化3.0应用水平的企业屈指可数，而有不少企业还处在建筑业信息化1.0的水平上，甚至还有一些企业信息化才刚刚起步。

我国建筑业信息化率仅约为0.03%，与国际建筑业信息化率0.3%的平均水平相比差距高达10倍左右。基于我国建筑业现有的庞大体量测算，信息化率每提升0.1%个百分点就将带来近200亿的增量市场，未来提升空间巨大（图3-3）。

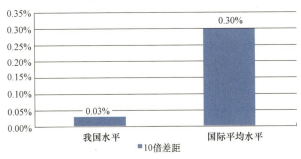

图3-3 国内外建筑企业信息化水平

企业信息化的基本含义，就是运用信息互联技术，把建筑产品建造过程和企业运营管理过程在计算机、移动端和互联网上实现或者部分实现，以提高企业的生产效率和管理效率，进而提高社会生产力。目前，建筑企业管理信息化面临以下"七大难"：

（1）企业管理标准化程度低，信息互联技术"应用难"；

（2）企业信息系统异构繁多，"信息孤岛"林立，管理信息"互通难"；

（3）商务成本与财务成本核算规则不统一，业务财务"一体化难"；

（4）管理主体多元，目标诉求不一，管理信息"透明难"；

（5）复合型人才匮乏，顶层设计不够，管理与技术"融合难"；

（6）IT企业至今没有成熟的"企业级"信息集成技术产品，管理信息集成应用"推广难"；

（7）思想观念陈旧，工作习惯难变，利益格局难改，企业管理信息化"执行难"。

3.2.2.4　技术集成能力不足

科学技术产业化的速度越来越快，过去一个科学发现经过关键技术发明，再到规模的商业化过程，往往要经历半个多世纪，但现在一项新技术从出现到应用，尤其是在新兴领域，恐怕只要几个月时间，新的科学发展、新的技术突破以及重大技术集成不断涌现，科技成果产业化速度越来越快（表3-4）。

历史上重大技术创新列举　　　　　　　　　表3-4

技术与产品	发明年份	创新年份	从发明到创新的周期（年）
日光灯	1859	1938	79
采棉机	1889	1942	53
电视	1919	1941	22
复印机	1937	1950	13
尼龙	1928	1939	11
圆珠笔	1938	1944	6
密纹唱片	1945	1948	3
氟氯烷冷却剂	1930	1931	1

资料来源：许庆瑞，2000年。

技术复杂程度的日益提高，技术宽度的逐渐增加，使得依靠一种领先性技术而取得市场优势地位的情形已经消失，企业不得不在众多不同领域来选择适合自己的技术。技术体系的迅速膨胀，使得技术可供选择的范围迅速扩大，没有哪一个企业有必要，也没有这样的能力，对其所需的技术进行全面的研究与开发。欧共体创新调查显示,只有很少的企业或组织单独进行创新,大部分的创新项目是多个组织共同协作完成的。

殷瑞钰院士认为：在我国建设创新型国家的进程中,一个最关键的衡量指标就是看工程自主集成创新这个主战场上取得什么样的成就和进展,他将工程自主集成创新分为两个层次,第一个层次是技术要素层次,工程创新活动需要对多个学科、多种技术在更大的时空尺度上进行选择、组织和集成优化。第二层次是技术要素和经济、社会、管理等要素在一定边界条件下的优化集成。两个层次都与技术集成密切相关。我国单一工程技术并不比国外差,有些甚至还高于他们,但技术集成能力与国外相比差距较大。

3.2.3 建筑业技术环境效应

3.2.3.1 建筑业生产过程高污染

2017年第一季度全国各类举报中,公众反映最集中的污染行业是建筑业,占34%,其次是化工业和住宿、餐饮、娱乐业,分别占17%和15%,三者合计占举报总量的三分之二。据统计,约50%的CO_2排放来自与建筑物相关的活动,2015年,我国建筑建造和运行阶段产生的CO_2排放约占当年全国温室气体排放总量的45%,每拆$1m^2$的建筑就会产生1t建筑垃圾,建筑垃圾占社会总垃圾的45%。

3.2.3.2 建筑业资源能源消耗大

建筑业是消耗一次性资源最严重的行业之一。建筑所涉及的消耗资源的过程包括施工、运营、改建、拆除、再利用,以及所用建筑材料、构件和设备的生产、运输、安装等。其所消耗的资源主要为钢材、木材、水泥、玻璃和水。以所消耗的水资源为例,制造1t干水泥粉需要3.6t水,制造1t钢材则需要300t水。每年全球建筑用水泥和钢材生产用水消耗量达200亿t。而按生存需要,每人每天2L水估算,每年全世界人口只需水43.8亿t。在世界范围内,建筑业消耗总原材料使用的40%、25%的原始木材、16%的新鲜水资源。而我国则是世界上每年新建建筑量最大的国家,目前我国每年新建房屋建筑面积近20亿m^2（其中城镇约12.7亿m^2）,超过所有发达国家年建成面积总和,相当于消耗了全世界40%的水泥和钢材。

建筑总能耗一般包括建材能耗、建材运输能耗、建筑施工能耗、建筑运行能耗、建筑拆除能耗。如建筑用的水泥,如果从生命周期的视角来看,从石灰石矿的开采到烧制成水泥,水泥运输至生产厂家制成商品混凝土或成品建材,再应用于建筑施工,这一过程需要消耗的不仅仅是石灰石,还有运输、加工、施工等过程中消耗的大量能源,以及对环境的影响。建筑建成之后,建筑的运营管理和建筑最后的废弃处理或回收再利用,都需要消耗能源。据估算,全球总能耗约

50%属于建筑总能耗。以美国为例，商用和住宅建筑正在消耗近40%的总能源、70%的电力，每年建筑能源消费达2200多亿美元。而在我国，高能耗建材、高能耗建筑非常普遍。不仅已有的近400亿m^2建筑中98%为高耗能建筑，新建建筑物中96%以上也仍属于高耗能建筑。我国每年单位建筑面积能耗量为发达国家的2~3倍，同时我国建筑耗能的效率仅为发达国家的35%左右。全国建筑材料和构配件的生产、运输以及使用期用能占全国总能耗40%以上。很显然，建筑及其相关行为消耗了大量的资源与能源，建筑设计、施工、运行、拆除的每一步均关系到有限资源的消耗和可持续利用。

3.2.3.3 建筑生产废弃物利用率低

建筑垃圾资源化主要包括施工现场在工地回收利用的建筑垃圾，余土的再利用，以及非余土部分的综合利用三部分。施工现场再利用的主要是一些大块的砖石，可简单处理后降级利用，或者破碎分选做骨料进行再利用。

据统计，我国目前建筑垃圾堆放总量已达70亿t，每年新产生的建筑垃圾超过4亿t，但是综合处理利用率不到5%。全国600多座城市，有400多座城市面临垃圾围城的现象，对资源和环境造成巨大的压力。

造成目前建筑垃圾回收处理困难和资源化利用率低、以露天堆放或填埋为主的现象的原因主要有以下几点：

（1）缺乏建筑垃圾强制回收利用的法律法规，导致企业和个人没有减少和回收利用建筑垃圾的意识和动力；基于建筑垃圾处理的外部特征，在没有强制约束的情况下，自然倾向于以方便自己的方式处理建筑垃圾，而不会从国家和长远发展的角度考虑问题。

（2）政府对建筑垃圾回收利用投资少，相应的激励机制缺乏，导致建筑垃圾回收企业获利微薄甚至无利可图，专业的建筑垃圾回收利用企业和机构很少，建筑垃圾堆积成山而无人处理，阻碍了建筑垃圾的资源化和产业化。

（3）建筑垃圾的分类程度低，人们一般只回收钢筋等价值相对较高的材料，而不关心其他回收价值不高的建筑垃圾，导致各种材料混合在一起，增加了垃圾资源化、无害化处理的难度。

（4）施工仍以现场作业为主，需要大量的现场手工操作，导致施工现场垃圾收集和分类较为困难，这是建筑垃圾产生的重要原因。

（5）施工人员技术水平和环境保护意识不强，在生产过程中产生了大量本可以避免的建筑垃圾，无形中增加了建筑垃圾的产生量。

（6）建筑垃圾专业分拣人员很少，分类水平不高，导致大多数可以被回收的垃圾无人回收，可以资源化利用的垃圾无法利用。

（7）我国建筑垃圾处理技术水平低，处理设备落后，缺乏新工艺、新技术，导致很多建筑垃圾无法循环利用，建筑垃圾资源化利用率低。

3.2.3.4 建筑运行能耗高

建筑能耗主要是指民用建筑运行能耗,即在住宅、办公建筑、学校、商场、宾馆、交通枢纽、文体娱乐设施等非工业建筑内,为居住者或使用者提供采暖、空调、照明、炊事、生活热水等,以及其他为了实现建筑的各项服务功能所使用的能源。根据《中国建筑节能年度发展研究报告(2020)》(清华大学建筑节能研究中心著)数据显示:2001—2018年,建筑能耗总量及其中电力消耗量均大幅增长,2018年,建筑运行的总商品能耗为10亿tce,约占全国能源消费总量的22%。

建筑能耗随着建筑总量的不断攀升和居住舒适度的提升,呈急剧增长趋势。随着中国经济的快速发展,城市化、工业化不断推进,居民生活水平不断提高,对建筑舒适度的要求已越来越高,采暖和空调的使用越来越普遍,家用电器品种数量日益增多,照明条件逐步改善,家用热水明显增加,从而导致建筑能耗迅速提高。

我国北方多数地区冬季寒冷,既有建筑围护结构及供热系统普遍存在如下问题:室外管网局部老化,保温层脱落,阀门漏水,热损失严重;窗户气密性较低,传热系数较大,年久失修,透风现象严重;墙体外无保温,房间散热快,冬季室内温度较低;屋面防水每年都需物业维修;供热管网失衡,热力分布不均匀,冬季不同用户室内温差较大,居民积怨大;不能对供热区域内实际热量进行测量、跟踪和监控;热源无气候补偿器,存在"看天烧火"现象,能源浪费非常严重。

根据《中国建筑节能年度发展研究报告(2020)》数据显示:2018年北方城镇采暖能耗达2.12亿t标准煤,占全国建筑运行总能耗的比例为21%。

现阶段整个中国有400亿m^2以上的房屋建筑,而节能类建筑房屋的总面积只有2.3亿m^2左右。这也就意味着每年在20亿m^2的房屋中,有97%左右的房屋属于高耗能类建筑,而只有3%左右的房屋属于节能类建筑,节能建筑占总建筑面积的比值偏低。

3.3 中国建筑业市场总体现状

3.3.1 国内建筑市场总体现状

3.3.1.1 建筑业增加值增速减缓

我国建筑业从新中国成立开始就处于固定资产投资服务的附属地位,虽然后来终于成为独立的产业部门,但经济形势和政策变量始终在影响着它的经济增长。

建筑业的子行业中，基建、房建、专业工程都是典型的投资拉动型行业，其需求分别受基础设施、房地产、相关制造业固定资产投资的波动影响。园林与装饰工程也是典型的投资拉动型行业，其需求受城镇化和房地产投资以及消费升级拉动影响较为显著。由于与主要的宏观经济指标固定资产投资高度相关，因此建筑行业景气波动体现出与宏观经济周期性波动的一致性。

2018年1月18日，国家统计局公布了2017年全国经济运行情况。经初步核算，2017年全年国内生产总值827122亿元，按可比价格计算，比上年增长6.9%。其中，全国建筑业总产值达213954亿元，同比增长10.5%，建筑业增加值占GDP的比重6.73%。全国建筑业房屋施工面积为131.72亿m^2，同比增长4.2%；房屋新开工面积178654万m^2，增长7.0%，其中住宅新开工面积增长10.5%；去年施工项目计划总投资1311629亿元，比上年增长18.2%，增速比1—11月份回落0.5个百分点；新开工项目计划总投资519093亿元，增长6.2%，增速与1—11月份持平。此外，全年全国房地产开发投资109799亿元，比上年增长7.0%，增速比上年加快0.1个百分点，其中住宅投资增长9.4%。2017年，房地产开发企业房屋施工面积781484万m^2，比上年增长3.0%，增速比1—11月份回落0.1个百分点。其中，住宅施工面积536444万m^2，增长2.9%。房屋新开工面积178654万m^2，增长7.0%，其中住宅新开工面积增长10.5%。

就发展趋势看，建筑业增加值占GDP比重基本保持在6%左右，建筑业支柱产业地位明显，但建筑业增加值增速减缓趋势明显，2017年增速下降至4.3%，如图3-4所示。

图3-4 建筑业增加值及增长趋势

中国经济发展进入新常态，正从高速增长转向中高速增长，经济发展方式正从规模速度型粗放增长转向质量效率型集约增长，经济结构正从增量扩能为主转向调整存量、做优增量并存的深度调整,注重经济的发展质量及可持续发展的能力,供给侧结构改革成为主旋律,经济发展动力正从传统增长点转向新的增长点。在这种情况下,建筑业应顺应宏观经济的发展趋势,进行转型升级,提高发展质量。

3.3.1.2 建筑业产值利润率及劳动生产率均不高

国民经济新常态背景下,经济增速下滑,企业经营环境愈加困难,对于传统制造业产能过剩、成本竞争优势的下降导致企业盈利能力略有下降,但依然比建筑业的盈利水平高出近50%。提升盈利能力,对于建筑企业来说迫在眉睫且任重道远。我国建筑业利润长期低下,已成为行业协会和企业家最为关注的问题之一,行业利润长期低下确实严重影响了建筑业可持续发展。同行业内相比,中国特大型建筑企业赢利水平远低于国外大型建筑企业,同时也远低于国内整个行业水平;与其他行业相比,中国建筑业远低于中国工业平均水平,应属利润率最低的第二产业。一个更不合常规的情形是,这样利润低下的行业在规模高速增长的同时,竞争却愈趋激烈,企业数量越来越多,非但没有企业退出转换到其他行业,相反,特级、一级企业数量快速增长。这种状况确实威胁到了行业的健康发展。

近几年建筑企业的效率逐步提升,但整体盈利能力有待提升。国家统计局数据显示,2016年建筑业企业按总产值计算劳动生产率为336227元/人,按增加值计算的劳动生产率为65507元/人。按总产值计算的劳动生产率近年来提升速度较快,增长明显,而按增加值计算的劳动生产率虽较前几年的劳动生产率有所提升,但是与按总产值计算的劳动生产率差距进一步扩大(图3-5)。

图3-5 2004—2017年建筑业产值利润率及工业产值利润率趋势

数据来源:国家统计局;图表制作:鲁班咨询(鉴于统计局数据发布的变化,为保证产值与利润数据的延续性,2012年以后的产值数据由当年规模以上工业企业营业收入代替,误差率不超过1%)。

3.3.2 对外建筑市场总体现状

3.3.2.1 建筑对外承包工程增速呈下降趋势，但有所回暖

目前，通过基建拉动经济增长已成为普遍共识，发展中国家弥补基建缺口、发达国家基础设施更新改造、区域互联互通的需求旺盛。围绕"一带一路"倡议和产能合作的国际合作不断深化，2017年的"一带一路"国际合作高峰论坛上达成了深化项目合作、促进设施联通、扩大产业投资、加强金融合作的一系列重要成果，通过丝路基金、国家开发银行、进出口银行等金融机构提供超过几千亿人民币的资金支持，"一带一路"沿线国家市场将继续成为行业发展的增长点和驱动力，这为中国建筑工程行业下一步发展提供了难得的机遇。

2017年建筑业对外承包工程完成营业额1686亿美元，比上年增长5.8%。受益于"一带一路"倡议，我国建筑业与国外建设进入全面务实合作新阶段，我国企业对"一带一路"沿线国家承包工程业务完成营业额占全年对外承包工程业务完成营业额的50%以上。

然而，从对外承包工程完成营业额的趋势来看，2008—2016年间，中国建筑对外承包工程完成额增速整体呈逐渐下降趋势，2016年之后，在"一带一路"倡议的影响下，对外承包工程结构出现深入调整，建筑对外承包工程出现增长趋势，增速较2016年增加1.4个百分点，有所回暖。同国内建筑业市场增速比较来看，对外建筑市场近几年增速略低于国内建筑增长值的环比增速，且其增速的波动程度高于国内建筑市场增速波动情况。

可见，对外建筑市场开拓并不太顺利，可能的原因在于：

（1）国内外工程规范及材料验收标准不一致造成成本增加、施工难度增大。由于现在各国采用的工程规范和材料验收标准都不一样，有国标、美标、英标、欧标等，这些规范和标准中有一些是与中国相同的，但仍有很大一部分是不相同的，这样就给国内施工企业带来了诸多困难。对国外的执行标准不够熟悉，在施工验收和材料采购以及进出口报关等稍有不慎就极易导致施工成本抬高、工期延误等问题。

（2）对外承接工程的资金来源复杂，存在资金风险。以中国铁建承建的亚非许多项目资金来源为例，有中国援建的、有中资银行贷款的、有开发商独立投资的、有所在国运用世界银行贷款的，不同的资金性质，决定了项目的不同性质。这也为后续施工企业遭遇的施工款来源易断裂、追债难、合同管理及财务管理风险等扯皮问题埋下了伏笔，为我国施工企业增添了很多意想不到的风险。

（3）目前国际环境正在发生深刻变化，世界经济复苏仍然脆弱，部分非洲、拉美国家财政压力加大，建设资金匮乏；政治风险、安全风险、经济风险等各类风险问题仍然突出，企业在拓展业务、开展投资时面临的不确定性增加。同时，

各国企业通过结构调整、技术创新和跨国经营,谋求更大的发展空间,中国企业普遍感受到在国际市场所面临的外部竞争不断加剧。此外,由于行业内企业业务主要集中在中低端领域,传统竞争优势下降、同质化竞争问题依然突出、企业的经营管理能力仍有待进一步提升等方面成为制约行业企业发展的瓶颈(图3-6)。

图3-6 对外承包工程完成营业额及环比增长率

3.3.2.2 建筑对外直接投资力度有所增大

2017年建筑业对外直接投资额仅为73亿美元,仅是建筑对外承包工程营业额的4%左右。从增长趋势来看,2008—2014年建筑业对外直接投资额增速波动较大,增速区间为-50.86%~352.02%,增长极不稳定,这可能跟当时2008年全球金融危机有一定关联;2015—2017年,建筑业对外直接投资额增速呈现增长趋势,且基本拥有两位数增长率,增长强劲。结合上述建筑业对外承包工程营业额的变化,可见,建筑业对外开拓市场力度有所加大(图3-7)。

图3-7 建筑业对外直接投资净额及环比增速

3.4 中国建筑业市场竞争现状

3.4.1 建筑业竞争现状

行业集中度（concentration ratio）是针对特定行业而言的集中度，是用于衡量行业竞争性和垄断性的最常用指标。行业集中度是指市场上的某种行业内少数企业的生产量、销售量、资产总额等方面对某一行业的支配程度，它一般是用这少数几家企业的某一指标（大多数情况下用销售额指标）占该行业总量的百分比来表示。衡量行业集中度通常有两种方法：绝对法和相对法。本文主要采用绝对法对中国建筑业的行业集中度进行衡量。建筑业绝对行业集中度，即建筑业行业内营业收入最高的前 n 家企业的营业收入之和占整个建筑业行业总产值的百分率。其计算公式为：

$$CR_n = \frac{\sum_{i=1}^{n} X_i}{\sum_{j=1}^{N} X_j} \times 100\%$$

式中：X_i 为第 i 个建筑业企业的营业额；N 为建筑业企业总数。美国经济学家贝恩最早运用绝对行业集中度指标对行业竞争结构进行了分类研究，具体分为极高寡占型、高度集中寡占型、中（上）集中寡占型、中（下）集中寡占型、低集中寡占型和原子型等 6 级，见表 3-5。

行业竞争结构类型百分比 表 3-5

行业竞争结构类型	CR_4 值(%)	CR_8 值(%)	该产业的企业总数
极高寡占型	$CR_4 \geqslant 75$	—	20 家以内
高度集中寡占型	$65 \leqslant CR_4 < 75$	$CR_8 \geqslant 85$	20～100 家
中（上）集中寡占型	$50 \leqslant CR_4 < 65$	$75 \leqslant CR_8 < 85$	企业数较多
中（下）集中寡占型	$35 \leqslant CR_4 < 50$	$45 \leqslant CR_8 < 75$	企业数很多
低集中寡占型	$30 \leqslant CR_4 < 35$	$40 \leqslant CR_8 < 45$	企业数很多
原子型	$CR_4 < 30$	$CR_8 < 40$	企业数极多，不存在集中现象

一般来说，CR_n 指数越大，该行业的产业集中度越高，越具有支配市场的能力。本书根据美国《工程新闻记录数据》（ENR）中对 2009—2015 年中国进入国际工程市场前 225 承包商中总承包额位列前 4 位和前 8 位承包商的营业额的统计数据，并以当年的平均汇率进行折算，得到 2008—2014 年中国建筑承包商行业集中率，见表 3-6。

2008—2014年中国建筑承包商行业集中率（亿元）　　　　表 3-6

年份	2008	2009	2010	2011	2012	2013	2014
前4强营业额	8248.39	11851.31	15860.56	17225.92	18652.96	19945.30	21764.52
前8强营业额	11666.39	15479.30	20226.87	21905.84	23784.23	30942.05	31660.78
建筑业总产值	62036.81	76807.74	96031.13	116463.32	137217.86	160366.1	176713.4
CR_4	13.30%	15.43%	16.52%	14.79%	13.59%	12.44%	8.92%
CR_8	18.81%	20.15%	21.06%	18.81%	17.33%	19.29%	17.92%

中国建筑企业经营领域过度集中于相同的综合承包目标市场，造成市场同质化竞争严重。与此同时，专业化企业比例远低于发达国家水平，与建筑市场多层次专业化分工承包生产的需求不相适应。

目前国内建筑业产业集中度仍然较低，中国承包商80强的 CR_8 产业集中度从2007—2010年度增长至20.4%峰值后，从2011年建筑业产业集中度逐年回落至2013年的11.3%，之后2014年、2015年小幅上升至14.2%，2016年回落到12.3%。上市建筑企业 CR_8 产业集中度的趋势与之相同，在2016年，达到24.0%之后，逐年回落至2014年的18.7%，2015年达到19.5%，2016年又回落到17.3%。2016年，四个行业集中度数值较2015年均有下降，可能是与2016年建筑企业数量增长，竞争加剧有关。2016年两者的数值均低于20%，可见我国的建筑业属于分散竞争型，处于过度竞争状态。

两个 CR_8 产业集中度的差距主要是两个原因造成：一方面，中国承包商80强 CR_8 主要计算工程承包营业收入与建筑业总产值的比重，上市建筑企业 CR_8 计算的是建筑企业营业收入与建筑业总产值的比重。另一方面，由于部分业内实力雄厚的施工企业（如中国中铁、中国电建等）并未参加2017年的ENR中国承包商80强的评选，故未在名单中体现，建筑业实际 CR_4 与 CR_8 产业集中度要高于10.7%与12.3%（图3-8）。

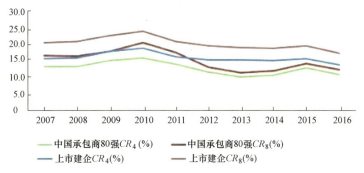

数据来源：国家统计局，CR_4、CR_8 来源于建筑时报ENR中国承包商80强（2014年以前为60强），上市建筑企业官网；图表制作：鲁班咨询。

图 3-8　建筑业产业集中度变化趋势

总体而言，低端市场诸如房建和普通的土建施工领域，由于门槛较低，大量产能囤积于此，竞争激烈且无序；高端市场，如勘探、设计、项目管理等领域都被外资所垄断。

3.4.2 建筑业竞争力分析

波特五力模型是迈克尔·波特于20世纪80年代初提出。它认为行业中存在着决定竞争规模和程度的五种力量，这五种力量综合起来影响着产业的吸引力以及现有企业的竞争战略决策。五种力量分别为同行业内现有竞争者的竞争能力、潜在竞争者进入的能力、替代品的替代能力、供应商的讨价还价能力、购买者的议价能力（图3-9）。

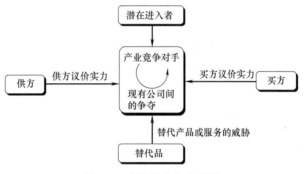

图 3-9　建筑业竞争关系图

3.4.2.1 供应商的讨价还价能力

建筑行业的供应商主要指的是建筑业的上游产业，如钢铁、水泥、玻璃等建材的提供商。首先，由于这些上游产业占用的资金量较大，进入壁垒较高，所以供应商相对较少。其次，近几年建材价格上涨幅度较大，供应商面临的成本压力增加，这在一定程度上也减少了供应商的数量。最后，随着资源的枯竭程度越来越高，像钢铁等上游原材料会越来越稀缺，资源的稀缺性必然会提高资源提供者的议价能力。总之，较高的进入壁垒和资源的逐渐稀缺都会为供应商议价的能力加分。

3.4.2.2 购买者的讨价还价能力

建筑行业的工程项目一般为房地产建设、基础设施建设等，此类项目都具有规模较大、利润丰厚、企业资质要求较高等特点，甚至还有国家资本做后盾，因此，往往要通过投标竞标等方式才能取得，建筑承包商的竞争压力较大，这就加大了建筑项目提供方即购房者的议价能力。

3.4.2.3 新进入者的威胁

市场壁垒反映了潜在的竞争强度，影响建筑产业组织结构的市场壁垒主要是

3 中国建筑业行业运行现状

进入壁垒和退出壁垒。其中,进入壁垒在决定企业数量和规模分布中起到了关键作用(表3-7)。

建筑业壁垒现状分析　　　　　　　　　表3-7

市场壁垒		现状分析
市场进入壁垒	经济规模壁垒	建筑产品具有单件性和差异性的特点,难以实现批量化和标准化,经济规模壁垒很低
	资本需求壁垒	建筑产业属于劳动密集型产业,通常不需要厂房建设投资,资本需求壁垒不高
	绝对费用壁垒	建筑产业对专利技术、原材料、资源以及专业技术和管理人员的要求低于其他产业,绝对费用壁垒低
	技术性壁垒	建筑业属于传统产业,与其他新兴产业相比,拥有成熟的技术及工艺,并且技术创新能力较弱,进入普通领域的技术壁垒相对很低,特殊领域尚有一定技术性壁垒
	政策法规壁垒	建筑产业对企业资产和从业人员实行资质等级管理和市场准入许可控制,形成一定的进入壁垒。地方和行业保护使建筑企业跨地区、跨行业承揽工程难度大,壁垒较高
市场退出壁垒	沉没成本壁垒	建筑产业的资产专用性使其退出损失较大,企业退出的沉没成本壁垒较高
	固定成本壁垒	建筑产业从业人员队伍庞大,劳动技能和知识专业化,特别是国有建筑企业,从业人员难以安置及转行,形成很高的退出壁垒
	资产和债务壁垒	建筑产业资产负债率高,工程款拖欠严重,导致资金流动困难,形成很高的退出壁垒
	社会及公众壁垒	由于长期计划经济体制的实行,使国有建筑业企业负担沉重的社会包袱,企业退出壁垒高
	政策法规壁垒	受国家有关企业破产、清算等政策法规的限制和指标控制,建筑企业不能随意退出建筑行业,退出壁垒很高

综上分析,中国建筑产业市场壁垒的基本特征是"低进高退",进入壁垒相对较低,使中小型企业良莠不齐,存在大量低效率低利润的小规模生产,未能充分利用规模经济获得效益。而退出壁垒则相对较高,特别是国有建筑企业,使得大批丧失竞争优势的企业仍然停留在行业内,导致建筑结构性的过度

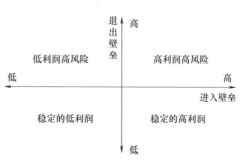

图3-10　建筑产业市场壁垒利润和风险关系

竞争，全行业的平均利润率降低（图3-10）。

目前，中国建筑业部分壁垒已出现了一些新的变化，建筑业壁垒有所提升：

（1）建筑业资金需求壁垒不一定低，需要针对具体项目来定。

建设工程项目具有生产周期长、投入资金量大的显著特点，因此，资本实力成为建筑产业可持续发展的重要保障。特别是大型的基础设施项目和公共项目，从建设初期到项目运营盈利，需要相当长的时间，经济效益不能够马上显现，所以要保证前期各生产要素的正常投入，必须有足够的资本实力作为基本条件。并且由于我国建筑市场发展不完善，建筑企业的融资能力以及对金融风险的预判把控能力都较弱，所以资金的绝对实力影响到建筑企业在建筑市场的竞争力，但也成为阻碍新进入者的壁垒之一。

（2）建筑产品和服务的模式正从单一需求演变成金字塔结构的多需求模式，市场壁垒逐渐显现。

产品差异化是企业提供异质服务或产品能力的体现，是企业在市场竞争中得以取胜的手段。传统的建筑产品是先设计、后生产，因此，不论由谁来生产，若严格依照图纸，生产出的建筑产品应该严格一致。业主通过招标方式选择承包商，在此种买卖方式下，建筑产品的差异化是一种预期差异，是对被选施工企业的信任与认可，相信被选企业可以比其他企业做得更好。因此差异主要体现在企业自身实力、工艺技术、以往工程质量和管理能力方面，但由于我国建筑企业大多属国企性质，在传统建筑市场，产品差别化并不显著。随着市场经济的开放以及发展水平的提高，建筑产品和服务的模式正从单一需求演变成金字塔结构的多需求模式。近年来，国际建筑市场对工程发包模式的转变使国内市场也随之而变，提升了建筑市场的产品差异性壁垒水平。尤其是带资工程总承包模式，更强调承包商的设计、施工、运营及相应的融资能力。这种市场需求的变化一方面激励我国大型承包企业努力寻求自我提升途径、实现产业升级，另一方面也提升了大型工程项目总包的产品差异壁垒。

由于建筑业的进入壁垒较高，因此，新进入者的威胁相对较小，主要来自于以下两方面：

一是建筑项目分包与再分包环节。这是由于我国建筑业的法制不完善，监管存在漏洞等原因造成的。有些法律上不允许再转包的项目被再转包给那些根本不具备相应资质的包工队，轻而易举地给这些包工队带来收益，由于这种监管漏洞的存在，使得类似的不具备任何资质的包工队越来越多，甚至出现了造假资质的包工队，这就给建筑业市场带来了新进入者的威胁。

二是创新型建筑企业。目前，由于受日本地震和我国汶川地震的影响，钢结构建筑备受关注；由于节能环保的倡导，绿色建筑也成为建筑业新宠。这两种建筑由于具备的科技含量较高，与传统建筑业的关联不大，因此，完全可以靠创新型高新技术企业的研发取得相应专利，并通过出售使用权而转化为现实，因此，钢结构建筑和绿色建筑的研发企业将成为较大的新进入者，并对现有建筑企业造成一定的竞争威胁。

3.4.2.4 替代品的威胁

目前，我国建筑业的替代产品威胁主要来自于钢结构建筑和绿色环保建筑对传统建筑的逐渐取代，随着人们生活水平的提高、安全意识的增强和节能环保理念的加深，钢结构建筑和绿色环保类建筑产品将逐渐取代传统建筑，如混凝土结构建筑、木结构建筑等。

3.4.2.5 行业内现有竞争者的竞争

1. 中国建筑业行业内竞争形势

目前，中国建筑业的市场竞争非常激烈，而市场秩序却较为混乱，企业诚信建设任重道远，建筑业企业长期处于相对弱势地位。市场整体处于过度竞争状态而局部市场则表现出竞争不足的现象。从工程类型领域看，普通房屋工程、安装工程、装饰工程，市场集中低，竞争激烈。对于超高层及公共建筑领域市场集中度适中，竞争相对适度。矿山、机场、港口、能源领域市场集中度高，基本存在垄断情况，竞争度低。铁路、隧道领域市场集中度也很高，存在部门和寡头垄断情况，竞争度低。公路、桥梁领域市场集中度相对较高，竞争度也偏低。在竞争最激烈的普通房屋工程领域，建筑施工企业数量多，由此产生的是行业内规模相当、业务类似的企业的同类同质竞争。

2. 中国建筑业内竞争行为

由于建筑产业属于典型的劳动密集型产业，建筑产业人员的基本构成结构呈金字塔型，塔尖是管理人员，中间是技术人员，基层是劳务人员。目前，建筑产业从业人员中技术人员和管理人员所占比例偏低，在国有建筑业企业中技术人员所占比重为10%左右，管理人员10%左右，取得执业资格证书或者岗位技能证书的人员不到总人数的7%。根据《2018年中国人口和就业统计年鉴》统计资料，我国建筑产业从业人员受教育程度较低，大学本科和研究生学历中从业人员比例仅高于农林牧渔业、住宿和餐饮业。建筑产业从业人员受教育程度偏低，高中及以下学历比例占87.9%。与此同时，数量庞大的一线劳务人员普遍缺乏专业的技能培训，整体素质偏低，制约了建筑质量和安全生产水平的提高。

就建筑企业竞争行为来看，建筑业企业的市场竞争行为多采取价格竞争行为：

降低工程价格：根据压价程度分为让利降价和保本降价两种形式。让利降价即企业为了保住市场而不惜把自己的计划利润让出一部分，从而降低价格以增加中标可能性；而保本降价是建筑企业为保住市场占有率或者收回固定成本费用而采取的价格策略。

垫资施工：由于垫资必用贷款，因而垫资已成为业主降低资金成本、转嫁经营风险、获取施工企业利润的重要途径和手段。当前，许多业主即使项目资金充裕，也要求施工企业垫资施工。因此，垫资实际上已成为众多施工企业承揽项目的先决条件和难以回避的经营"陷阱"。由于垫资给施工单位带来资金时间价值损失，因而实质上是一种价格竞争手段。

相关的统计数据也证明了这两种竞争手段在建筑企业中使用的普遍性。据统计，我国招标投标的项目中，业主要求报价下浮的工程高达50%，要求报价在额定利润率基础上下浮的平均率为7%，最高的甚至要求下浮70%；而要求垫资施工的项目比例达到15%，按照总投资计算的平均垫资率为21%。

随着经济的发展，业主对建筑产品已经不仅仅满足于最基本的需求，对安全、质量、功能、时间价值等的需求也越来越高，这必然对建筑企业所能提供的工程服务能力提出了更高的要求，建筑业企业之间逐步采取非价格竞争策略，围绕质量、成本、工期以及技术创新这几方面展开的。根据对建筑企业的调研，主要手段应包括以下几个方面：

（1）提高建筑产品质量。建筑产品质量可以通过产品的性能、外观、耐久性、适用性以及与图纸的符合性来度量。建筑企业对产品质量的重视，可以提高企业声誉，从而获得竞争优势，并且可以获得较高的中标价格，取得较高的利润。

（2）控制工期。随着市场经济的发展，业主对工期的要求越来越苛刻。尤其对于房地产开发项目，因项目存在较大的时间价值，这种时间价值要超过因缩短工期造成的上升成本，所以这类工程工期也是首先要考虑的因素。因此工期要求随着市场经济的发展已经越来越重要，作为非价格竞争手段，企业的工期完成水平是增强企业产品差别的又一重要途径。

（3）市场营销。由于生产的单件性和市场交易的先签订合同后生产的特性，市场营销对于建筑企业的市场竞争来说，其重要性要低于一般的工业行业。但随着建筑市场竞争压力愈来愈大，建筑企业也开始认识到市场营销手段的重要性。建筑企业应用市场营销手段主要体现在以下几个方面：

1）积极了解市场信息。预测和分析建筑市场需求变化趋势，提高企业对工程市场的资讯快速准确的判断能力。

2）鉴别主要竞争对手。对竞争对手以往的投标策略进行归纳分析，确定自己的应对之策。

3）品牌塑造。一些大型建筑企业开始利用各种媒体对企业形象和品牌进行宣传和塑造，特别是在互联网上以图片和文字等方式介绍其承揽的工程项目，公布公司的财务和发展状况，阐述公司的发展战略及其策略等。

（4）技术创新。通过技术创新，实现技术进步，企业可以凭借技术优势和独特性在市场竞争中获得高于平均水平的差异收益。

(5) 提高企业经营管理效率。可以有效降低企业运营成本以及充分发挥员工的潜能，提升企业的核心竞争力。

(6) 改善项目管理水平。可以实现提高工程质量、降低成本、缩短工期和履约服务水平的综合目的。

通过以上分析可知，建筑业竞争目前仍以价格行为为主，不利于行业的健康发展。

3.4.3 建筑业竞争力评价指标体系构建

基于指标体系的构建原则，通过对建筑业核心竞争力影响因素分析和归纳，参考国内已有的相关领域研究成果和权威机构颁布的《中国统计年鉴》《中国建筑业统计年鉴》《中国区域经济统计年鉴》等统计指标情况，通过理论分析和综合筛选，分别从生产要素资源、发展与支持条件和产业结构与效益三个维度，以目标系统层、子系统层、准则层和指标层4个层次，选取21个指标，构建建筑业核心竞争力评价指标体系，见表3-8。

建筑业核心竞争力评价指标体系　　　　　　　表3-8

目标系统层	子系统层	准则层	指标层	单位
建筑业产业竞争力 X	生产要素资源	资金实力	建筑业企业资产 x_1	亿元
			建筑业企业负债 x_2	亿元
		人力资源	建筑业从业人员 x_3	万人
		机械设备	建筑业企业技术装备率 x_4	元/人
			建筑业企业动力装备率 x_5	kW/人
	发展与支持条件	发展强度	建筑业总产值 x_6	亿元
			建筑业增加值 x_7	亿元
			建筑业企业本年度签订合同总额 x_8	万元
			建筑业企业单位数 x_9	个
		需求条件	全社会固定资产投资 x_{10}	亿元
			房地产开发投资 x_{11}	亿元
		辅助产业	勘察设计机构单位数 x_{12}	个
			建设工程监理企业单位数 x_{13}	个
	产业结构与效益	结构水平	特级、一级总承包产值比重 x_{14}	%
			建筑业专业承包企业占比 x_{15}	%
			建筑业非公有制企业比重 x_{16}	%
		产业效益	建筑业企业总收入 x_{17}	亿元
			建筑业企业利润总额 x_{18}	亿元
			建筑业企业税金总额 x_{19}	亿元
			按增加值计算的劳动生产率 x_{20}	元/人·年
			建筑业经济增长贡献率 x_{21}	%

3.5 中国建筑业产业管理现状

3.5.1 建筑业业务开展流程

建筑业业务开展流程如图 3-11 所示。

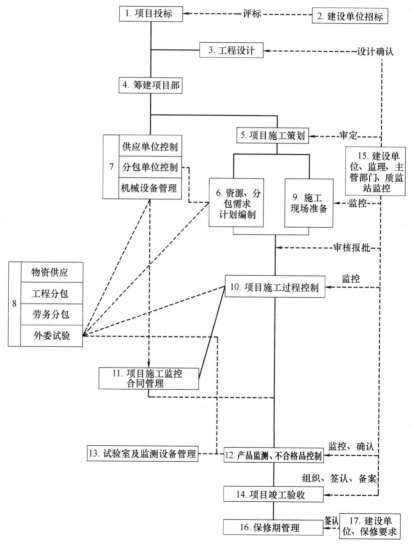

图 3-11 建筑业业务开展流程图

注：图中实线为产品实现主导过程顺序；虚线为监控或相互关联关系。

3.5.2 建筑业业务价值链分析

3.5.2.1 价值链上下游

传统建筑行业上游主要由钢铁、水泥、玻璃、工程机械设备等建筑材料、工程设备厂商组成，上游细分市场众多，除了工程设备，上游建筑材料市场产品基本无差异性，上游项目具有高附加价值，是整个建筑业产业链边际利润最大的环节。从价格传导机制来看，上游项目在保持良好利润率的同时具有较强的成本转移能动性，通过价格水平波动挤压中下游企业的利润空间并且引起不同行业的利益调整。从行业角度来看，上游项目往往掌握着某种资源比如矿产、能源、核心技术等，资源相对垄断，存在准入壁垒。行业现状以企业间价格战，小型企业以低标准运行为主。激烈的行业竞争使得产品价格接近成本，工程施工企业对上游有较强议价能力。但是这些行业随着国家"节能减排"政策的推行，以及油价、矿产价格、劳动力价格的上涨，可能导致产品出厂价格上涨，最终可能引起建筑企业成本的上升。行业下游主要由政府部门、房地产开发商、其他工程业主和发包方组成的甲方，下游企业占有更多社会资本，对宏观经济影响力更大，企业自身体量也更大，行业现状区域性竞争明显，不同区域往往有较大规模的地产企业。建筑企业面对下游业主，议价能力往往更弱，并且面临工程费用垫付、应收账款损失的问题。另外，房地产行业在未来较长时期内，将稳步发展，"房住不炒""租购并举"长效机制加快落地等政策，确定了房地产开发投资稳中有降，建筑业发展也将呈现同样的趋势（图3-12）。

图3-12 建筑业业务价值链

3.5.2.2 产业价值链分析

目前，中国学者运用产业价值链的观点主要分析研究工业制造业的特点，而在建筑业方面的研究尚少，且尚未对建筑业产业链中具有高附加值的环节进行深入研究和探讨。产业价值链是产业链背后所蕴藏的价值组织及创造的结构形式，代表了产业链的价值属性,反映了产业链更深层次的价值含义,决定产业链的经营战略和竞争优势,有效地实现整个产业链的价值,反映价值的转移和创造;是在一个行业内部不同企业承担不同的价值创造功能,产业上下游多个企业共同向最终消费者提供服务(产品)时形成的分工合作关系;是价值链和产业链的融合,表现了产业价值链具有整体性、增值性、循环性和层次性的特点。

完整的建筑业产业价值链包括规划、勘察设计、材料设备采购、施工、销售、使用维护、废弃等环节。根据建筑业产业链上各个环节的关系,将产业链分为上游、中游和下游。上游是指规划、勘察设计、投融资等前期环节,中游主要指建筑施工环节,下游是指项目销售、使用维护等环节。在整个产业价值链中,上游环节是产业链的高端产业,附加价值高,在产业链利润库中的份额占有绝对比例。如图 3-13 所示。

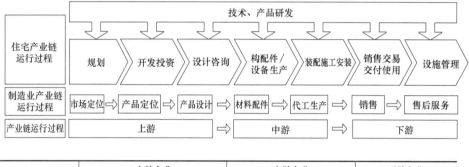

图 3-13 建筑产业价值链分析

微笑曲线的原始含义是由施振荣在 1992 年提出的,在一个抛物线的左侧,随着新技术研发的投入,产品附加价值逐渐上升;在抛物线的右侧,随着品牌运作、销售渠道的建立附加价值逐渐上升;而作为劳动密集型的中间制造、装配环节不但技术含量低、利润空间小,而且市场竞争激烈,容易被成本更低的同行所替代,因此成为整个价值链条中最不赚钱的部分(图 3-14)。

曲线左端是产业链上游,包括规划、投融资、勘察设计等环节;曲线中间部分是产业链中游,以劳动密集型的施工为主;曲线右端是产业链下游,包括销

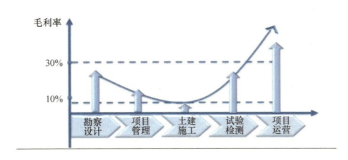

图 3-14 微笑曲线

售、运营维护等环节。

3.5.2.3 建筑业产业价值链存在的问题

传统的建设模式在勘察设计、施工采购各主要环节之间存在互相分离与脱节的弊端，一般建设周期长、效率不高，各环节相互不配合等。

1. 勘察（收益与成本脱钩）

勘察工作在全生命周期价值链中花费很少，但对整个价值链成本影响很大。工程设计是在地质勘察报告基础上进行的，工程地质勘察包括普勘、初勘和详勘三个阶段。勘察工作一般是能够达到设计要求，最终保证工程质量的。但在实际中，由于勘察单位利益并未和工程成本直接挂钩，勘察工作会出现做得不细不深的现象，问题会在施工中暴露出来，而采取弥补措施会加大产品全生命周期成本，且一旦问题在施工中没有被发现，便会给工程带来极大隐患。

2. 设计（重功能、轻成本）

一般而言，建筑工程在设计工作完成后，其工程成本就被锁定了。因此设计阶段尤其显得重要。但我国建筑业设计主要重视产品功能形成，缺乏成本观念，使成本事先有效控制很难实现。一是在设计中过于求稳、求保险，以至于经济不经济、浪费不浪费考虑较少；二是设计时不太考虑建筑物自身特点，套用过时的规范，造成浪费损失。

3. 后期工作（忽视维检和消费者成本）

使用维修和废弃处置在建筑业价值链中是最后一个环节，而在我国却往往被忽视。这两个阶段发生的成本属于消费者成本，也是全生命周期成本的组成部分。近年来随着人民生活水平的提高，消费者成本越来越受到关注，然而尚未引起我国建筑业的充分重视。

4. 外部供应链与设计、施工脱节

材料、设备供应在全生命周期价值链中是重要环节。选用与工程相适应的最佳材料和设备，对整个全生命周期成本影响也是很大的。但由于我国建材市场的现状、材料、设备生产与施工沟通较少，材料、设备供应并不能根据各个工程特点量体裁衣，施工企业无法买到最经济合理的材料、设备而造成浪费。

5. 施工管理粗放、成本控制乏力

建筑产品全生命周期成本大部分是在施工阶段发生支出的，由于历史的原因，我国施工企业管理粗放。一些成本控制人员业务素质不高、责任心不强，虽然在施工阶段对成本控制做了大量工作，但并没有找到成本节约的根源，控制效果不是很理想。通过提高施工管理人员的业务素质和责任心，加强施工与设计的沟通，提高成本控制水平。

我国建筑业产业价值链脱节，走集成的道路是建筑业转型升级的必然选择。

3.5.3 建筑业业务组织管理

3.5.3.1 建筑业组织管理方式

国内目前采用的施工总承包方式在传统承包模式下，施工和设计是分离的，双方难以及时协调，常常产生造价和使用功能上的损失。在建设工程的造价上，设计对造价的影响占到80%以上，降低工程造价，最重要的阶段就在于设计，工程总承包模式下，设计和施工过程的深度交叉，能够在保证工程质量的前提下，最大幅度地降低成本。传统的建设模式在勘察设计、施工采购各主要环节之间存在互相分离与脱节的弊端，一般建设周期长、效率不高。而在工程总承包模式下，由于工程总承包单位有能力从事或统辖建设工程设计、施工、采购、招标、安装的所有工作，属于知识型大功能齐全的配套系统企业，可以调动各专业在很短时间内完成既定的需求。传统的建设工程业主最关注的是施工过程质量的管理控制（图3-15），开始的环节是在施工图完成以后才进入，但实际工程一般是从初期设计开始直到项目竣工交钥匙，带给工程总承包企业对工程项目实施全过程管理理念的重大转变。建设项目总承包已超越了设计单位仅凭业主设计任务合同书要求来设计和施工企业单纯按蓝图施工和设备安装的范畴了。工程总承包带给承包商优化方案和加深施工技术创新的活力，也能为业主和承包商降低费用提供空间，逐步成为业主和承包商相融合的综合体。

3.5.3.2 建筑业组织管理粗放式发展

1. 行业各生产环境脱节，管理割裂

平行分发包的项目组织方式导致产业链上设计、施工、生产各个环节的脱节，各环节存在信息孤岛，沟通效率太低，是导致建筑业组织

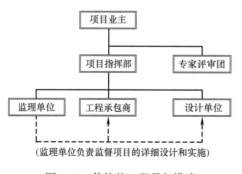

图3-15 传统的工程承包模式

管理粗放的表象之一。一般制造业产品研发、设计和生产由一个主体进行，可以把这些环节归集在一个共同的价值目标下，我国建筑业采用勘察、设计、施工平行承包的方式，勘察单位、设计单位和施工单位之间缺乏沟通、相互脱节，无法形成共同的价值目标。这种方式缺少对全产业链的整体把控，信息流被切断，很容易导致建筑项目管理过程中各种问题的出现以及安全隐患。而且长期以来始终以施工阶段的价值形成重中之重，忽视了前期勘察、设计阶段及后期使用维修和废弃处置阶段工作的重要性，整体综合效益低。

2. 企业管理不规范

一是建筑企业组织老化，管理水平低。企业组织结构老化是建筑企业管理水平低下的一个重要原因，尽管已经过多年的改革探索，但目前许多企业依然沿袭着过去的组织结构和管理体制，人浮于事的现象依然比较严重。其次，我国大多数建筑企业仍采用粗放经营模式，重项目、轻收益、轻管理，再加上管理人才匮乏等原因，致使企业管理水平一直处于较低状态。另外，企业制度的不健全以及工程项目点多面广，客观上增大了企业管理上的难度。最后，部分企业缺乏有效的企业风险评估体系对企业经营风险进行事先预测及采取防范措施，企业风险防范和控制能力有待于进一步提升。

二是建筑企业竞争环境恶劣，缺乏先进管理理念。目前，建筑业竞争环境恶化的问题十分突出。一是招标投标行为不规范，暗箱操作、规避招标、假招标屡禁不止，致使"优胜劣汰"失去了客观的真实性。二是市场信用体系和运行机制缺损，拖欠、垫资、压价和回扣已成了全国建筑市场的顽症。三是企业间的恶性竞争不断加剧。一些建筑企业不是在练内功、提高素质上下功夫，而是千方百计打通业主，违规违法争夺工程，既伤害了建筑企业，又伤害了市场经济秩序。

然而有些企业很少应用先进的经营管理手段，信息管理技术和电子商务在这些企业的建筑工程中的应用几乎还是空白。无论是在工程设计、项目管理、还是信息系统方面，计算机软件的应用水平都比较低，在施工中很少采用先进的施工工艺和材料，造成建筑材料品种单一，施工工艺科技含量很低。

3.5.4 建筑业业务管理的新现象

3.5.4.1 管理模式向 EPC 转变

在新常态下，建筑市场正在发生深刻变化，项目规模大型化、总承包一体化、技术工艺复杂化和产业分工专业化趋势逐步确立，客观上要求工程建设管理系统化、科学化、市场化。因此，工程总承包模式的快速推进，项目由传统的工程承包方式向工程总承包转变。除了业内人士熟知的 EPC（设计、采购、施工总承包）外，还包括 EPCM（设计、采购与施工管理总承包）、DB（设计、施工总承包）、EP（设计、采购总承包）和 PC（采购、施工总承包）等多种形式。

设计、采购、施工总承包（EPC），是指工程总承包企业按照合同约定，承担工程项目的设计、采购、施工、试运行服务等工作，并对承包工程的质量、安全、工期、造价全面负责。交钥匙总承包是设计、采购、施工总承包业务和责任的延伸，最终是向业主提交一个满足使用功能、具备使用条件的工程项目。设计、施工总承包（DB），是指工程总承包企业按照合同约定，承担工程项目设计和施工，并对承包工程的质量、安全、工期、造价全面负责。根据工程项目的不同规模、类型和业主要求，工程总承包还可采用设计、采购总承包（EP），采购、施工总承包（PC）等方式。EPCM模式是指设计、采购和施工管理，在这种模式下，业主与一方（下称EPCM承包商）签订"EPCM管理合同"，与另一方或多方承包商签订"EPC合同"或其他形式的工程承包合同。EPCM在这里相当于一个业主代表和工程顾问的双重角色，配合业主对各承包商进行严格的选择和管理，但又有别于传统的工程顾问，EPCM承包商对项目的实施负有直接的，包括成本、质量、安全、进度等方面的管理责任，承担整个项目管理风险。各模式构架如图3-16～图3-18所示。

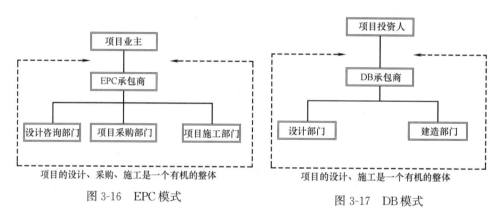

图3-16　EPC模式　　　　　　　　图3-17　DB模式

3.5.4.2 管理理念向精细化理念转变

新型理念、技术和业态的发展趋势，一方面要求设计成果标准化、数字化和精细化，从业人员需要具有更加精湛的专业技能；另一方面，全产业链的发展趋势，又要求企业人员具有全方位的综合视野和技能，个体能力已难以胜任，要求企业由标准化管理理念向精细化管理转变。精细化管理是一种文化、一种理念。它是源于发达国家（日本20世纪50年代）的一种企业管理理念，它是社会分工的精细化，以及服务质量的精细化对现代管理的必然要求，是建立在常规管理的基础上，并将常规管理引向深入的管理模式和基本思想，是一种以最大限度地减少管理所占用的资源和降低管理成本为主要目标的管理方式。现代管理学认为，科学化管理有三个层次：第一个层次是规范化；第二层次是精细化；第三个层次

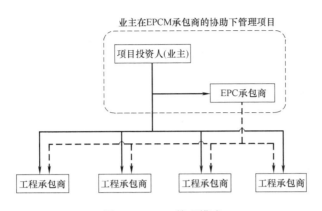

图 3-18　EPC 管理模式

是个性化。精细化管理就是落实管理责任，将管理责任具体化、明确化。其内涵就是企业在规范化和标准化的基础上，对其生产流程、管理流程进行科学细化和合理优化的过程，实现"组织结构专业化、工作方式标准化、管理制度化、员工职业化"。其本质意义就在于它是一种对战略和目标分解细化和落实的过程，是让企业的战略规划能有效贯彻到每个环节并发挥作用的过程，同时也是提升企业整体执行能力的一个重要途径。要让建筑企业的领导和员工在企业管理观念上有所转变。传统管理模式以利润最大化为目标，而精细化管理模式则以顾客的最大化价值为经营的最大目标，同时消除浪费使得利润相对的最大化。所以建筑企业必须摒弃与现代企业管理不相适应的思想，消除与精细化要求不相符合的行为习惯，树立"时间就是金钱""效益就是生命""细节决定成败""一份工作一份责任""执行就是能力，落实就是水平"等管理理念，坚守认真负责的科学态度，把每一件事做到位，形成"精、准、细、严"的工作作风与行为习惯。

首先领导干部观念的转变是推进精细化管理的必要前提。精细化管理就是要从精益求精的科学态度，严谨务实的工作作风，认真负责的工作责任心去做好我们的每一项工作。要实现这一目标，领导就必须首先从思想认识上完全转变对企业管理的传统思维模式，建立起适应市场经济发展，适应科学发展新形势需要的现代化管理理念。在贯彻精细化管理的理念中，领导干部是带头人，他们既是推进精细化管理的策划者，又是落实精细化管理的执行者和实施者。从策划的角度而言，超前的管理意识和科学的管理理念需要有先进思想和科学水平的支撑，先进思想和科学创新可以引导人们与时俱进；从执行和实施的角度而言，要改变以往传统的随意化、经验型、粗放式管理模式和观念，就必须完善制度、强化管理，以提升执行力来保证精细化管理的实施效果，关键在于落实和效果。

其次全体员工观念的转变是推进精细化管理的内在动力。在解决了领导干部观念转变的前提和基础上，全体员工观念转变则必然是落实精细化管理的真正动力。每一位员工既是精细化管理的对象、载体和参与者，同时也是精细化管理的主体和实施者。精细化管理是一个全员参与的过程，也是全过程和全面的精细，只有每一个人都参与到精细化管理之中，精细化管理才能落到实处，才能发挥出成效。怎样让企业的每一位员工自觉地参与到精细化管理的实践中来，最大程度地发挥自己的潜力，成为企业竞争力的一个有机组成部分，关键是要用精细的理念引导员工实现观念的自觉转变。陈旧的、经验型、粗放式的传统管理模式在很大程度上制约了领导及员工观念的创新，"差不多""还凑合"的工作心态及工作作风无法适应精细化管理高标准、高精度、高质量的管理要求，细节决定成败的管理理念在实际的工作中尚未得到真正的重视。要彻底改变目前这种现状，就必须要求和引导广大员工创新观念，摒弃因循守旧、墨守成规的老规矩、旧观念，把精细化的先进管理方式、方法引入日常管理的工作程序中，用精细化的工作理念规范员工行为，以精细化推动企业的整体管理水平，以精细化提升全体员工的整体素质。要通过实施精细化管理为载体、为平台，使全体员工的思想观念在创新与守旧、自满与自强的碰撞中得到一次质的升华，努力提升全体员工综合整体素质，强化全体员工的创新能力、应变能力和竞争能力，使广大员工成为企业推进精细化管理的内在动力（图3-19）。

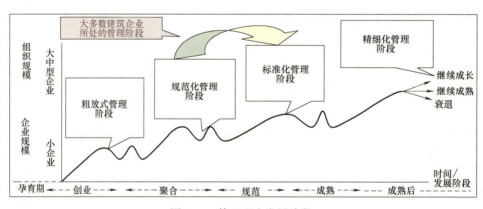

图 3-19　管理理念发展阶段

3.5.4.3　管理方法向精细化转变

（1）目标的精细化管理。没有目标就没有管理，执行目标是精细化管理的基本方针。建筑企业要实施精细化管理必须把公司阶段性的发展战略目标和年度经营工作计划分解到每一个业务条线，落实到每一个职能板块，量化到号码公司、专业公司、区域公司，并细化到每一个项目部、生产班组和岗位员工，建立日、周、月、季度、年度目标管理体系。要以业绩为导向，强力推进目标的执行与落地，做到当日事当日毕，日清日高，形成企业上下分工协作、全体员工尽职尽责实施目标的工作格局。

（2）材料的精细化管理。公司承揽到工程后，总部要抓好材料的采购计划、采购工作及使用过程的精细化三个关键环节。在具体运作中，首先，由公司工程预算科根据施工图纸、施工组织设计、施工计划精细地编制材料计划，工程处预算员进行核对，核对无误后报主管领导审批。其次，供应科参考造价信息，进行材料价格的市场调查，货比三家，同质比价，同价比质，并通过合理采购实现"零库存"，确保采购工作的精细化。第三，在材料的使用方面，从材料的收发、保管、使用、考核等各个环节入手，具体到项目的每个施工环节、每个工作岗位及每个工作人员。

（3）质量的精细化管理。公司接到项目后，要对工程的技术、质量进行策划，对质量目标进行分解，并编制详实、可操作的项目质量计划。工程处下属项目部负责人要组织技术员、施工员等做好图纸自审、施工组织设计的编写工作。在图纸会审时要掌握设计意图、技术难点，指出图纸的错误及遗漏，以便更好地指导施工。做好工程的检验工作。原材料和半成品进场后，由技术员、质量员等根据设计和规范要求进行验收，并进行复检，合格后方可使用。工程施工前，要根据图纸和设计要求，做好技术交底，使劳务队伍掌握设计意图、施工方法和质量要求。施工过程中要随时巡检，确保落实。对工程质量要从每道工序施工抓起，做到干前有交底、干中有检查，干后有评定。工程竣工后，应成立回访维修小组，组织有关人员定期进行回访。如发现质量问题需维修时，应及时组织人员进场。

（4）运营流程的精细化管理。流程是将输入转化成输出的一系列资源和活动的集合，运营流程包括核心业务管理（市场经营、生产施工、物资采购、技术质量等）流程和关键职能管理（财务资金、人力资源、法务审计、成本控制等）流程。要加强运营流程的分析与研究，使其规范化、程序化、标准化；要加强流程控制和改进，缩短业务流程，提高企业对市场与客户的响应速度；要着力流程环节的价值创造，消除流程汇总各种隐性的浪费，如施工质量、工期延误、不必要的工序、不必要的人工活动和内部转运等。要加快流程的信息化工作，依靠现代化的信息技术和管理手段，促进流程化运行与管理。

（5）人员的精细化管理。要清晰界定各组织层级、各部门岗位的职责和权限，按照"人岗匹配"的用人准则选聘符合任职要求和能够胜任的人员履职，着力减少企业冗员；需加强各层级员工的职业培训，特别是核心业务经营与关键职能管理员工的职业理念、专业技能提升工作；强化项目管理团队和重点生产管理岗位的工作研究，着力创新工作方法、增强协作能力，提升整体工作效率、运行效果。

（6）成本的精细化管理。成本控制是建筑企业取得竞争优势的最直接的重要条件，要了解成本发展的趋势，特别是工程项目的成本变化，做出成本最有效决策；准确编制成本计划，在过程中控制成本；精确进行成本核算，深入开展成本分析；全面完成成本考核。从环节入手、细节着力，持续改进和加强建筑企业的成本管理体系建设。

（7）考核体系的精细化。精细化管理能否有效实施，考核评价机制是不可或缺的保障。做与不做一个样、做多做少一个样、做好做坏一个样，谁还愿意开展精细化管理。要建立健全企业的考核、评价体系，营造"用数据说话、凭业绩取酬"的良好工作激励与利益分配机制。通过建立以业绩为导向、绩效为核心的利益机制，淘汰落后、鼓励进步、彰显先进，推进精细化管理，全面激发员工活力和企业内生增长动力，促进企业又好又快地发展。

最后，坚持升级标准化管理。没有标准就没有企业，标准化管理是精细化管理的重要基础，管理精细化一定始于管理标准化。技术有技术标准，管理有管理标准，作业有作业标准……，所有标准化的内容一定要落实在具体的岗位上——项目作业层、项目管理层、企业的职能部门、企业决策层；相比而言，高层决策是不太容易标准化的，而岗位的操作最容易标准化，所以针对每个岗位的作业手册则是标准化的重点、精细化的切入点。岗位工作的规范化、标准化、精细化能推动企业各项管理的进步，提高企业的整体运营水平。有效推进建筑企业管理"从标准化到精细化"的转变，全面构建企业的发展优势与综合竞争力，应当是建筑企业发展与变革管理不断追求的理想与奋斗目标（图3-20）。

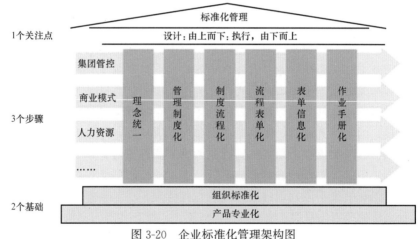

图3-20 企业标准化管理架构图

3.6 中国建筑业相关行业现状

3.6.1 建筑业涉及主要主体

建筑项目往往涉及众多利益相关方，以工程施工企业为核心，向上游、下游、横向延伸出众多相关企业。对于施工企业，上游端主要有建筑勘察设计、建材厂商、工程机械设备提供方等。上游提供产品往往同质化较高，没有技术壁垒，行业竞争者多，有激烈的价格竞争。下游管理运营商为建筑项目提供后期运营维护，地产企业与政府处于产业链最下游，往往是项目出资方，有较高的毛利水平。工程咨询企业依附于建筑行业存在，为建筑设计、施工企业乃至管理运营企业提供工程项目解决方案。目前在工程项目咨询领域，海外公司占有较大市场份额，国内企业由于缺乏经验、行业整体对建筑施工精确度、建筑功能舒适度等要求不高，尚未形成较有竞争力的企业（图3-21）。

图3-21 建筑业涉及的主要主体

3.6.2 劳务市场

2019年底，全社会就业人员总数77471万人，其中，建筑业从业人数5427.37万人，比上年末减少135.93万人，减少2.44%。建筑业从业人数占全社会就业人员总数的7.01%，比上年降低0.16个百分点（图3-22）。建筑业在吸纳农村转移人口就业、推进新型城镇化建设和维护社会稳定等方面继续发挥显著作用。

图3-22 2010—2019年全社会就业人员总数、建筑业从业人数增长情况

然而，随着中国人口结构的变化特别是适龄劳动人口的减少，建筑业劳动力市场的供需矛盾逐步凸显。

3.6.2.1 农民工总量增速减缓

自2011年以来，农民工总量增速持续回落，2014年以后一直保持2%以下的水平（图3-23）。

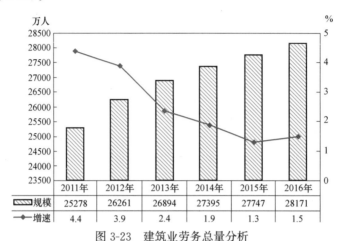

图3-23 建筑业劳务总量分析

3.6.2.2 农民工从事建筑业的比重下降明显

从事第二产业的农民工比重为52.9%，比上年下降2.2个百分点。其中，从事制造业的农民工比重为30.5%，比上年下降0.6个百分点；从事建筑业的农民工比重为19.7%，比上年下降1.4个百分点。从事第三产业的农民工比重为46.7%，比上年提高2.2个百分点。其中，从事批发和零售业的农民工比重为12.3%，比上年提高0.4个百分点；从事居民服务、修理和其他服务业的农民工比重为11.1%，比上年提高0.5个百分点（表3-9）。

农民工从事建筑业的比重分析　　　　　　表3-9

	2015年（%）	2016年（%）	增减（百分点）
第一产业	0.4	0.4	0.0
第二产业	55.1	52.9	−2.2
其中：制造业	31.1	30.5	−0.6
建筑业	21.1	19.7	−1.4
第三产业	44.5	46.7	2.2
其中：批发和零售业	11.9	12.3	0.4
交通运输、仓储和邮政业	6.4	6.4	0.0
住宿和餐饮业	5.8	5.9	0.1
居民服务、修理和其他服务业	10.6	11.1	0.5

3.6.2.3 农民工平均年龄不断提高

从平均年龄看，2016年农民工平均年龄为39岁，比上年提高0.4岁；年龄构成上大龄农民工比例不断提高，2016年50岁以上农民工所占比重为19.2%，比上年提高1.3个百分点（表3-10）。

农民工平均年龄分析（单位:%）　　　　　　　　表3-10

	2012年	2013年	2014年	2015年	2016年
16~20岁	4.9	4.7	3.5	3.7	3.3
20~30岁	31.9	30.8	30.2	29.2	28.6
31~40岁	22.5	22.9	22.8	22.3	22.0
40~50岁	25.6	26.4	26.4	26.9	27.0
50岁以上	15.1	15.2	17.1	17.9	19.2

3.6.2.4 农民工受教育水平不断提高，但整体仍然偏低

农民工中，未上过学的占1%，小学文化程度占13.2%，初中文化程度占59.4%，高中文化程度占17%，大专及以上只占9.4%。高中及以上文化程度农民工所占比重比上年提高1.2个百分点。其中，外出农民工中高中及以上文化程度的占29.1%，比上年提高1.2个百分点；本地农民工中高中及以上文化程度的占23.9%，比上年提高1.3个百分点（表3-11）。

农民工教育水平分析（单位:%）　　　　　　　　表3-11

	农民工合计		外出农民工		本地农民工	
	2015年	2016年	2015年	2016年	2015年	2016年
未上过学	1.1	1.0	0.8	0.7	1.4	1.3
小学	14.0	13.2	10.9	10.0	17.1	16.2
初中	59.7	59.4	60.5	60.2	58.9	58.6
高中	16.9	17.0	17.2	17.2	16.8	16.8
大专及以上	8.3	9.4	10.7	11.9	6.0	7.1

3.6.2.5 农民工流动性大

某项具体的工程项目竣工或者一项具体的工种工作结束，该建筑项目农民工的工作任务也将终止。为继续寻找工作，可能要流向下一个城市，如此循环往复，处于不断的流动之中。

据2013年一次基于珠三角地区的农民工转换工作的统计调查表明，1年以下换工作的占22.36%，1~2年的占47.81%，3~5年的占18.57%，5年以上的占11.26%，2年以内换工作的农民工达到了七成。

总体来看，建筑工人将逐步减少，人工成本将大幅增加，而建筑业属于劳动密集型产业，建筑工人供给不足对建筑业的发展是一个巨大的挑战。同时，从业者受教育水平偏低，年龄偏大，流动性大对我国建筑业转型升级、健康发展是一个不利因素。

3.6.3 建筑材料

（1）以速度和增量为主的传统产业雷同技术发展的势头有明显减缓，新兴产业发展，传统产业提升增加附加值延长产业链开始加快步伐，低能耗及深加工的建材制品，已占整个行业工业增加值的50%。

（2）节能减排和绿色发展有了明显的进步和良好的开端，"十二五"期间建材工业总能耗总量年均增长2.6%，比"十一五"下降3.8个百分点，占全国能耗总量的比重从由"十一五"末的10.2%降至2015年的8.3%，下降1.9个百分点；烟粉尘排放量大幅下降，2014年建材工业排放烟粉尘265万t，比"十一五"末下降23%，占全国工业的比重由"十一五"末的36%降至2014年的18.2%。建材工业年资源综合利用量已超过10亿t。全国已有20多个省份建成或正在推进建设水泥窑协同处置垃圾、污泥、危险废弃物等安全无害化处理和资源化综合利用示范线。绿色建材生产与使用行动方案和实施细则已经形成，绿色建材标识和评价的标准已建立，绿色建材生产、使用体系开始建立，已有7种产品被列入绿色标识评价系列。

（3）国际化经营步伐加快，"走出去"发展已成为新的经济发展亮点。大型建材企业对外投资力度不断加大，在境外收购企业、投资建厂步伐明显加快，在境外投资建厂的已涉及水泥、平板玻璃、玻璃纤维、墙体材料、石材等多个行业。出口贸易继续增长。我国已与世界130多个国家和地区开展贸易与合作，形成了产品出口、对外工程总承包、技术服务、劳务合作等全方位、多层次的对外经营格局。建材商品出口额年均增长14.7%，2015年达383亿美元，比"十一五"末增长98%；建筑卫生陶瓷、石材、建筑与技术玻璃等产品占出口总额的69%。

（4）行业企业数量多、规模小、效益低。总体上看，建材行业长期存在和多年积累的问题和矛盾还未得到根本上的解决。过剩和短缺共存，解决行业结构矛盾仍然是行业发展的关键；企业数量多、规模小，总体技术水平和运行质量偏低仍然是行业前进的瓶颈；淘汰落后产能、在一定时间内遏制雷同技术新增产能、保证有优势并且效益好的企业稳增长、提高效益仍然是当前的主要矛盾；加快新兴产业发展，补短板，把行业引向高端、绿色发展仍然是行业面对的主要挑战；致力推进兼并重组，提升行业总体竞争力，提高集中度，有效发挥与提高资源、能源利用率是行业前进与努力的方向。

3.6.4 机械设备

工程机械行业是国家装备制造业的重点产业之一。行业的发展与国民经济现代化发展和基础设施水平息息相关。中国工程机械自给率从 2010 年的 82.7% 提高到 2015 年的约 92.6%。工程机械行业经历了四万亿投资驱动时代的高速增长，同时也新增加了不少产能，从目前这个时点来看，产能过剩虽然仍然是行业主题，但是经过了 2013—2016 年的调整，产能扩张放缓的速度逐步明朗，如图 3-24、图 3-25 所示。

图 3-24　工程机械行业占比分析

图 3-25　工程机械行业总营收分析

图中彩色折线图呈现的"营业收入"反映了行业整体规模，红色折线图所呈现营收的增长情况则反映了行业规模的波动情况。

数据显示，中国工程机械行业的总营收自 2000 年的 480 亿元增至 2016 年的

4795亿元，行业规模扩大了近10倍。行业自2000年至2015年间呈现出三次较为明显的波动，前两次是在波动中增长，行业的整体规模仍在持续上升；而2009—2013年的这轮波动起伏较为明显，出现连续两年的负增长，行业的总体规模缩减达千亿元以上，最终在2015—2016年间实现触底反弹。

目前行业存在主要问题是：

（1）我国在这些工程机械核心配套件主要还依赖进口，这种局面严重制约了我国工程机械企业的进一步发展壮大；

（2）市场需求变化速率与幅值过大；

（3）结构性产能过剩，高端产品需求相对刚性，低端产能过剩，供需严重失衡；

（4）完善后市场秩序已成当务之急；

（5）创新机制和创新能力有待加强；

（6）产品可靠性耐久性需要进一步提高；

（7）关键核心零部件应加快创新步伐；

（8）绿色化、宜人化、智能化产品相对缺乏；

（9）大型与超大型土方机械产品竞争力有所不足；

（10）城市生活和建筑垃圾资源化处理工程装备亟待创新。

3.6.5 工程咨询

3.6.5.1 总体概览

中华人民共和国成立以后直到实行改革开放以前的30年间，由于计划经济时期建设管理体制的束缚，中国一直没有独立的工程咨询行业，也不存在工程咨询专业的市场。所有建设项目的前期工作，几乎都是由不同形式的项目筹建机构自行承担，少数特殊项目的部分前期工作（主要是工艺技术方案编制和经济技术分析）则由建设单位请专业对口的勘察设计单位来做；而项目建设的管理，则主要是采取派驻施工现场"甲方代表"的方式来实施。

1982年，原国家计委明确规定把可行性研究纳入基本建设程序，我国开始在建设领域中推行工程咨询服务。1992年成立了中国工程咨询协会，标志着我国工程咨询行业正式形成，1994年原国家计委先后颁发第2号令和第3号令，对工程咨询单位性质定位和实行资格认定，使工程咨询单位的发展及其管理更为规范、科学，从而逐步建立起适应我国社会主义市场经济体制改革要求的工程咨询机构。

1992年之后随着我国基本建设体制改革的深入进行，工程招标投标制度和建设监理制度的逐步推行和完善，中国的工程咨询市场日益扩大并渐趋规范；可行性研究、工程监理、造价咨询、工程预决算等成了工程建设的必备程序；工程监理、造价咨询、技术顾问等各种不同专业的中介服务组织应运而生，中国工程咨询业得到迅速的发展。但这个时期的工程咨询业务由于推广普及不足，还没有得到社会各投资主体的普遍认可，其业务主要是针对国家重点项目，行政机关投资项目和外资投资项目，承接一些政策强制性的业务，中国的工程咨询市场还没有实现真正意义上的市场化运作。

21世纪中国的持续深入改革和现代化建设，使中国成为亚洲最大的工程建设市场和全球最具潜力与活力的工程建设市场之一，工程咨询行业赶着这趟顺风车驶入快车道。

根据相关资料，工程咨询行业营业收入由2010年的2653.1亿元增加到2015年的17590.1亿元，见图3-26。

图3-26 2010—2015年中国工程咨询行业营业收入走势

1. 在快速发展的同时，也面临诸多问题

首先，国内工程咨询行业仍属于新兴产业的初级阶段，没有形成完善、规范的管理体系，多专业、大规模的综合型工程咨询公司不多，还没有在国际市场上形成竞争力。同时，中小企业投资的许多工程项目没有得到工程咨询服务，在工程技术人员中有资格的工程咨询执业人员的数量也有限，不能满足工程建设需要。

其次，在国际工程咨询市场上所占的份额较少，国家有关主管部门把工程咨询列入资质管理，经审查认可发证后方能开展国际业务，目前我国可以从事国际工程咨询的单位仅几十家。

2. 与国际存在着差距

（1）认知差距。在我国，工程咨询行业目前主要咨询业务大部分为国家投资项目和外资项目，市场份额来源于政策强制性要求而不是单纯的市场需求，这就导致市场上众多编写可行性报告的公司提供的咨询服务不是很严格的从专业上为项目提供咨询，而是为迎合政策而做出的决策，从而影响到整体咨询行业声誉，得不到社会各界的普遍认可。

（2）服务质量差距。中国工程咨询业现阶段还缺乏提供全面工程技术服务的专业能力，工程咨询人员普遍缺少项目统筹管理和经济、商务、法律方面的系统知识和综合协调管理能力，导致在项目总体规划、全过程综合管理、市场调查、经济评价、风险分析等工作的不足，影响项目咨询的整体性和科学性。

（3）体制差距。工程咨询应该是提供专业技术服务的独立市场主体，是科学公正的基础和首要条件。从各国情况来看，大部分国家均未出现政府主导的咨询机构，而是通过法制来规范市场，借助行业协会约束咨询工程师自身和整个行业的市场行为。我国工程咨询工作目前还处于管理多头、条块分割的状况。

3.6.5.2 勘察设计

2016年工程勘察设计企业全年利润总额1961.3亿元，同比增加20.8%，高于2015年同口径增速11.4%；企业净利润1617亿元，同比增长22.5%，高于2015年同口径增速13.9%。从2016年住房和城乡建设部统计数据来看，工程勘察设计行业营业收入、净利润增速均较上年有较大的改善，显示行业整体有所回暖（图3-27）。

图3-27 勘察设计企业年营收分析

根据《2016年全国工程勘察设计统计公报》，2016年全国工程勘察设计企业营业收入总计15661.6亿元，与同比增长23.1%。其中，工程勘察收入833.7亿元，占营业收入的5.32%；工程设计收入3610.5亿元，占营业收入的23.05%；工程总承包收入10784.6亿元，占营业收入的68.86%；工程技术管理服务收入432.8亿元，占营业收入的2.76%，工程设计总承包收入占比较大（图3-28）。

3 中国建筑业行业运行现状

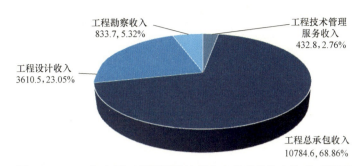

图 3-28 2016 年全国工程勘测设计行业企业营业收入构成（亿元）

目前工程勘察设计行业某种程度上还是属于政府管制性行业，资质管理在某些方面保护行业免受来自其他行业的冲击和侵袭。随着市场化进程的加快，同行的竞争乃至跨行业的竞争无时无刻不在上演。可能未来行业的竞争是商业模式的竞争，尤其是互联网技术发展下，将给行业的竞争带来质的变化，尤其可能会对行业商业模式带来颠覆性改变。

3.6.5.3 工程监理

图 3-29 是 2016 年工程监理领域各行业营业收入占比。可以看出，房屋建筑工程监理收入占工程监理行业营业收入的 42.4%，比例最高；其他依次为（除去综合资质营业收入）电力工程、水利水电、市政公用工程等。

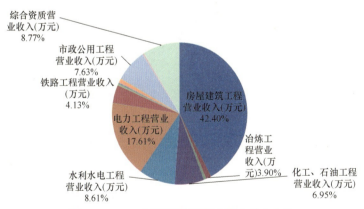

图 3-29 2016 年工程监理行业营业收入占比

根据国家统计局的统计数据，2016 年度我国建设工程监理行业实现营业收入 2695.59 亿元，创下自 1988 年试点以来的行业营业收入最高纪录。2007—2016 年期间，我国建设工程监理行业营业收入变动情况如下。

根据图 3-30 统计情况，2007—2016 年期间，我国建设工程监理行业营业收入持续增长。2016 年度我国建设工程监理行业营业收入高达 2695.59 亿元，较 2007 年度营业收入增长 411%，年均复合增长率达到 15.2%。

115

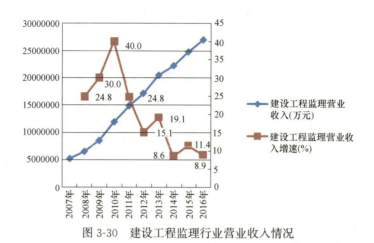

图 3-30 建设工程监理行业营业收入情况

虽然我国工程监理行业整体规模发展较快,但仍存在表 3-12 所示问题。

工程监理行业现存问题   表 3-12

问题	说明
1. 工程监理的定位和职责不够明确	责权不对等,个别地方存在工程监理被任意强加非法定职责;建设单位介入管理太深,监理服务没有真正体现价值,只承担了质量控制业务
2. 工程监理队伍不能满足监理工作需要	一线监理人员整体素质不高,从业人员职称、年龄、知识结构不合理
3. 工程监理行业结构不合理	行业集中度不高,不利于行业良性发展;专业分布失衡,房建过度竞争,其他行业基本是垄断
4. 工程监理市场行为有待规范	监理服务收费低;行业分割管理,工程监理应贯穿工程建设项目的始终,包括投资决策、设计、施工招标投标、施工(含保修)等阶段,但目前仅限于施工阶段

我国建设工程监理行业还整体呈现"国有—民营"两大阵营并行的竞争格局:民营监理企业业务主要分布在市场完全开放的领域,如通信行业、房屋建筑领域以及市政公用领域,这些领域的业务主要是通过公开招投标方式获得,只要企业具有相应资质并满足投标硬件要求,就可参与投标并获得相应业务。国有监理企业业务主要分布在市场部分开放和没有开放的领域(如水利、电力、铁路等),这类市场关系到国家安全及重大发展战略的实施,其监理业务一般由政府主管部门指定国有建设单位下属监理公司或相关公司负责实施,民营监理公司很难涉足。截至 2020 年,工程监理行业市场份额前五位的企业分别为上海建科工程咨询有限公司、浙江江南工程管理有限公司、中咨工程管理咨询有限公司、北京铁城建设监理有限责任公司、浙江五洲工程项目管理有限公司,其中排名前四

位的工程监理企业均为国有企业，收入来源主要依靠国资委下属企业的大型国有铁路建设项目、石油工程建设项目、公共建筑等项目的建设监理业务。

3.6.5.4 工程质检

建筑行业是一个关系到国民生计的支柱性基础产业，且我国目前也正处于一个快速发展的时期，这就大大增加了公共设施建筑的项目，使得建筑行业得到了更进一步的发展。与此同时，建筑质量问题也成为了建筑企业以及国家相关部门共同关注的一个问题。因此，作为建筑行业的重要组成部分，建设工程质量检测不断受到重视，且国家对工程质量检测的需求也在不断增长，这就需要加大质量检测机构的工作力度。然而，就我国目前的情况来看，大多数建筑工程质量检测机构都存在着以下问题：

1. 检查力度低

目前，在建筑工程质量检测行业当中，有一些工程质量监督部门只为满足标准要求，而对建筑工程进行较为形式上的检查与监督，从而忽略了工程质量检测的重要性，使得检测人员在开展检测工作的时候，对建筑工程的检测范围不够全面，导致检测工作出现了漏洞，继而直接影响到了整个建筑工程的质量。另外，因检测机构在整个工程质量中要承担的责任相对较轻，其主要责任仍然是施工单位，这就使得检测机构在实际工程检测中所表现的责任意识不强。

2. 人员素质不高

就我国目前建筑工程质量检测行业的情况来看，有一些检测人员的专业素质不高，部分检测公司甚至存在无证上岗的情况，在对建筑工程进行质量检测时，不能专业地、严格地对工程质量进行有效的检测，这就会导致质量检测缺失公正性。

3. 抽样检查不具有代表性

虽然，工程实体抽样检测方案是由建设单位、监理单位以及施工单位共同制定的。但是，在进行具体抽样检测工作的时候，检测所抽选的构件大多都是施工单位预先挑选出来的，质量相对较好，这就直接导致检测工作缺失了客观性与代表性。

4. 材料见证取样缺失公正性

国家规定：建筑工程中，材料见证取样要求监理员和取样员一同负责见证送样。然而，大多数情况下，监理员没有参与到材料见证、送样的工作当中，反而只是让施工单位或生产厂家单独送样，如此一来，会大大降低了样品本身的公正性。

5. 检测市场恶性竞争

随着工程项目的大规模建设，一些私人企业的检测机构也超乎预料地快速出现，其企业生存的出发点就是为迎合施工单位或小房产企业的需要，因此，检测价格会较其他检测机构低很多,其检测质量可想而知,这样就无形对整个检测市场产生极大影响,导致正规检测机构很难接到检测业务,不利于检测行业的良性发展。

3.6.6 建筑施工

3.6.6.1 建筑施工企业整体的管理水平有待提高

对于建筑施工企业而言,施工现场的管理是至关重要的。然而从现有建筑企业管理来看,首先,由于现场监管力度不到位,致使现场材料浪费情况较为突出;其次,由于缺乏一定的施工技术,致使对先进机械设备的利用率较低;再次,对于当前大部分建筑施工企业的管理而言,仍然沿用固有的施工方法,施工手段亟待创新;最后,由于企业管理水平有限以及对企业信息化缺乏明确的认识,不但未能建立起相关的信息中心,更对计算机相关管理及技术应用缺乏普及,因此在施工过程中,无论信息收集还是设备控制都难以做到对计算机技术的大范围应用,进而降低了工作效率与质量。

3.6.6.2 建筑施工队伍整体素质有待提高

对于劳动密集型的建筑行业而言,由于作业环境长期处于高空、露天的状况下,因此无形中增大了施工现场的危险程度,此外,建筑行业的进入门槛较低,技术要素也时常被忽略。在这种行业特性下,不但对高水平管理人员的吸引力不大,而且还在客观上限制了建筑队伍成员整体素质的提高。除此之外,由于中小型建筑企业自身的局限性,其很难与同行业的大企业之间抗衡和竞争,直接导致其施工项目缺乏连续性,进而致使其企业效益无法进一步提高,由此带来企业员工较大的流动率,最终制约了建筑队伍整体素质的提高。

3.6.6.3 施工安全管理水平有待提高

首先,对于建筑行业外部因素的政府监管而言,无论在行业层面还是部门的安全生产监管工作,都存在一定程度上的交叉性,在日常的监管工作中,安全检查的力度和方法都有待改进。其次,对于施工性质较强的建筑企业而言,由于其自身局限性,在安全生产方面的投入还有待加大,对安全生产的相关管理机构和专职管理人员的设置还有待加强,对新工人的安全教育和对相关从业人员的正规与系统化的安全培训还需落实到位。最后,基于安全技术的考量,建筑施工作为一个兼具难度和危险的特殊行业,其安全生产技术的发展程度难以符合现代化的施工要求,企业在安全防护装备方面还需加大投入。

3.6.6.4 施工企业信誉度有待提升

由于中小型建筑施工企业自身较低的资质状况,致使其缺乏承揽较大工程项目的能力,因此企业所承接的规模较小的建设项目难以满足其创优工程的实际需要,不利于提升其信誉度。尤其是在激烈的市场竞争环境中,企业信誉作为其隐性的生产力，信誉度的高低情况往往对客户数量有直接影响。一旦企业出现信誉度较差的状况，那么企业也难以在竞争中立足与发展。

3.6.6.5 企业在施工管理过程中对网络技术的认识不足或应用有限

对于当前我国的大部分建筑施工类企业而言，其对施工进度的编排和规划还处在传统横道图的方法上，对于计划的安排和对施工进度的把握其主观的经验性较强。究其原因：一方面是对网络相关技术在施工管理方面带来的经济效益缺乏一定的认识，另一方面是对计算机辅助设计功能的利用有限，缺乏对施工过程的有效跟踪与动态管理，致使生产管控部门，难以发挥其作用。

3.6.7 房地产

房地产业，三十而立。1987年，深圳特区的"土地第一拍"，正式拉开了中国房地产行业发展的恢弘序幕，30年，中国基本解决了老百姓的"住房短缺问题"，30年，我们打造了一批世界知名的世界级城市，30年，成长起来了一批优秀的房地产企业。30年后的今天，中国房地产市场正经历着一场从"新增开发建设时代"向"存量房交易和运营时代"的伟大变革。

3.6.7.1 总体增速放缓

我国房地产行业新增固定资产投资增速明显放缓，房屋施工面积、竣工面积增速明显下降，如图3-31、图3-32所示。

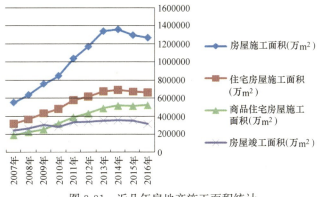

图3-31 近几年房地产施工面积统计

3.6.7.2 进入存量时代

房地产走过了快速成长的黄金十年，中国一线城市和热点二线城市正式进入存量房时代。我爱我家集团原副总裁胡景晖表示："今天中国经济的发展、中国房地产业的发展面临的是一个同样的问题，就是消费升级。我们已经从住房短缺转向怎么让老百姓住得更好，让居住更美好，让每一个人的居住更舒适、更有尊严、更有美好的体验。"而居住的改善和居住的升级，如今绝大部分要通过存量

图 3-32　2017 年房地产投资累计同比曲线

房市场完成。

2017 年全国已经有 24 个城市二手房交易量超过了新房。

根据我爱我家的数据，北京近 70% 的购房需求是改善型购房，全国 48% 的购房需求是改善型购房。以北京为例，改善型住房的人群中有 68.3% 是在存量换存量的市场中完成的，很多人卖掉二手房再通过买二手房完成改善。

万科集团董事会主席郁亮表示，中国正在经历世界上最大的城镇化，今天，我们认为住房的全面短缺时代已经结束了。现在的问题不是短缺，而是不平衡不充分：不同城市的分化现象特别明显，表现在对于客户要精细分析；服务不充分，不动产领域的周边大有发展。

他表示，"我们认为中国房价单边上涨时代已经结束了，房地产企业需要把自己看成制造业，服务业赚钱，不能靠不动产的单边上涨赚钱。行业必须做出改变。"

3.6.8　基础设施

基建投资是政府逆周期操作的重要工具，具有明显的"公共投资""政府引导""逆势托底"三大属性。基建投资的"公共投资"属性表现为：主要投资于社会生产和居民生活提供公共服务的物质工程设施，是用于保证国家或地区社会经济活动正常进行的公共服务系统。"政府引导"属性，我们从 2015 年三大基建投资项的政府占比即可以看出，"电力、热力的生产和供应业"、"交通运输、仓储和邮政业"、"水利、环境和公共设施管理业"中政府投资占比分别为 63%、75%、74%。"逆势托底"属性反映的是基建投资，是我国政府维稳经济最有利的抓手。

基建投资历来是政府维稳经济的主要抓手，早期基建投资主要用来对冲出口增速的剧烈波动，近年来出口对中国经济的拉力减弱，基建主要被用来对冲制造业等的下滑。亚洲金融危机发生时，我国的对外出口增速从 1997 年的 21% 下滑至1998年的0.5%，为对冲经济下行压力，我国基建投资增速提升近15个百分点至34.6%；2008年金融危机发生时，对外出口增速再次出现锐减，基建投资再次成为托底经济的主要着力点，基建投资增速由2008年的22.7%提升至2009年的42.2%。近年来，中国对外贸易依存度有所下降，出口产品结构升级，基建对出口链下滑的容忍度有所提升；基建投资更多被用于对冲制造业及其他领域投资增速的明显下滑（图3-33）。

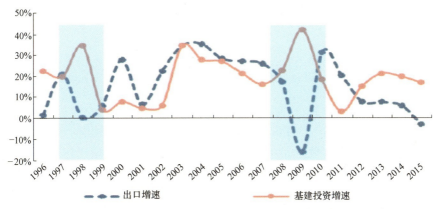

图3-33 近些年出口与基建投资增速曲线图

由于不同部门对基础设施的统计口径差异，容易造成不同的增速判断。国家统计局2014年4月开始公布的基础设施投资主要服务于第三产业，由交通运输、仓储和邮政业以及水利、环境和公共设施管理业两大行业固定资产投资构成，此前的电力、热力、燃气及水生产和供应业在第二产业单列，不再列入基础设施投资。为全面反映基建投资情况，参考国际通行标准，将电热气水项也纳入广义基础设施统计，而将国家统计局的两部门基建投资作为狭义基础设施统计。2016年广义基础设施建设完成投资额15.2万亿元，占固定资产投资总额的25.48%，同比增长15.71%。其中水利、环境和公共设施管理业投资占基建投资比重最大，高达45%；其次为交通运输、仓储和邮政业投资，占比35%。按重点建设项目来看，公路、铁路、轨道、机场等交通设施和市政、水利、电源等基础设施是重点（图3-34）。

3.6.8.1 投资结构发生变化

从历史演变来看，日本的基建投资结构变化大致分为三个阶段：战后恢复期、工业化阶段、后工业化时代。第一个阶段为战后恢复期（1946—1962年），这一时期的基建投资主要着力于恢复因战争而破坏的国内基础设施，包括基本的农业、工业基建。第二个阶段为工业化阶段（1962—1987年），这一时期是日本基建大规模建设期，为配合工业化与城市化快速发展，生产配套及城际间基建兴

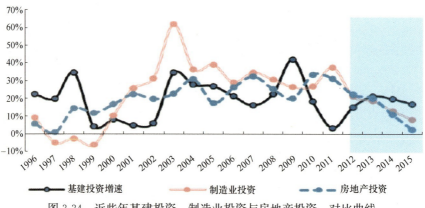

图 3-34 近些年基建投资、制造业投资与房地产投资、对比曲线

起,如电力、水利、铁路、公路以及工业带等大型基础设施。第三个阶段为后工业化阶段(1987 年至今),日本政府提出要社会与经济发展相统一,政府投资更加注重与民生相关的领域,如加强各种污染治理,改善居民生活环境,加大对一些文化娱乐设施的投资等(表 3-13)。

日本基建投资行业分布 表 3-13

时间	城市化率（%）	工业化率（%）	人均 GDP（美元）	主要投向行业
1946—1957 年				河川整治、农业基础设施以及救灾、公共事业、电力、钢铁、造船、煤炭
1957—1962 年	63.28		558.74	交通运输、电力以及农业基础设施
1962—1967 年	67.89		899.06	生产相关的基础设施、水力、电力
1967—1977 年	73.99	41.4	3240.01	住宅、下水道、环境卫生等生活设施
1977—1987 年	76.46	38.18	1137.49	学校、道路、医院；铁路、工业带、港湾、高速公路、填海成河等大型工程
1987—1992 年	77.37	37.16	25688.7	道路、港湾、机场、住宅、下水道、废弃物处理设施、都市公园、治山、治水、海岸、特定交通安全设施、急倾斜地防破坏等
1992 年至今	85.02	29.78	36711.38	生活、文化设施,如公园、老年公寓、老年活动室、老人医院等

注：资料来源于日本总务省统计局,北京欧立信调研中心。

日本基建投资的第二阶段向第三阶段跨越的时段,与我国当前更为相近,也更具参考意义,即经济相关类基建开始转向生活相关类基建。1970—1996 年,日本的道路投资显著下滑 16 个百分点至 28%；住宅和城市用地投资、下水道环境卫生等设施占比大幅提升 5 个百分点、13 个百分点至 13%、18%。日本的道路投资在 1955—1980 年之间，占比不断抬升；顶点出现在 1980 年前后，随后逐步下滑，地下管廊等生活类基础设施建设占比不断抬升。我国对应的交通运输、仓储和邮政业投资的顶点在 2010 年，随后"水利、环境、公共设施管理"等偏生活类的基础设施建设需求明显抬升（图 3-35）。

图 3-35　近些年我国基建投资不同领域占比
注：资料来源于 Wind，北京欧立信调研中心。

3.6.8.2　基建投资投入/产出系数发生变化

由于基建投资的三大分项，分处于不同的产业链条，对应的投入产出系数自然有所不同；传统基建对中上游传统行业的拉动作用更大，新型基建主要利好中下游产业。

近年来，随着基建投资结构的变化，受益于基建投资的行业结构有所改变，基建投资总的投入产出系数略有下滑。近年来，基建投资的投入产出系数出现改善的行业有：交通运输设备制造业、化学工业、居民服务和其他服务业及通用、专用设备制造业等；投入产出系数出现下滑的行业有：石油加工、炼焦及核燃料加工业、金融业、煤炭开采和洗选业及电气、机械及器材制造业等。前五大受益行业依然是：石油加工、炼焦及核燃料加工业、金融业、交通运输设备制造业、化学工业及煤炭开采和洗选业。

4 中国建筑业与主要干系人发展方向

4.1 中国建筑行业的发展启示

在建筑业行业发展现状基础上参考借鉴国外建筑产业现代化发展路径，国内建筑业应以集成的思想为指导，以解决行业痛点、快速高度响应人居需求为方向，笔者认为发展建筑产业现代化应从以下几个方面入手：

（1）组织方面。在全产业链新的权责范围下，针对新的身份定位识别，提取工作内容、工作标准的变化，根据对产业链价值贡献进行价值量化与重分配。

（2）管理方面。采用集成管理的思想，过程前置，事前控制，实现建筑业的"全专业、全周期、全业务"三个一体化，实现建筑产品全寿命周期价值最大化。

（3）技术方面。发展需求技术、专业技术、集成技术，进行设计集成和部品集成，实现建筑产品整体解决方案和产品快速迭代。

建筑基于产品技术的提升，将在整个建筑产业链中催生出新的精分领域，从技术本身上发展技术服务延伸，从产品基础上延伸产品系列配套，不仅改变着建筑产业链参与方的角色，还驱动着各管理方不断前进。

4.1.1 建筑业组织方式发展预判

4.1.1.1 全产业链各参与方的内涵变化

建筑业发展的大生态系统将发生全面根本性的变化，投资—开发—设计—制造—建设—运营全产业链各参与方的内涵都将发生转变。

1. 投资环节的内涵变化

（1）从"产销模式"向"资管模式"转变，从"买地造房卖房"向"资产整合优化运营"转变。

城市化进程进入下半场，城市发展模式和房企盈利模式开始全面转变。从"产销模式"向"资管模式"转变，从"买地造房卖房"向"资产整合优化运营"转变，行业面临全面转型，开发商在升级对土地价值、城市贡献的二次认知。

（2）切入生活服务业务板块，逐步探索"空间建造"和"生活服务"的统一发展。

众多开发商切入生活服务业务板块，逐步探索"空间建造"和"生活服务"的统一发展，从盖房子，到提供新兴生活方式，再到为城市运营增加活力、动力，开发商在新时期纷纷提出城市运营商，城市配套服务商的战略转变。

(3)"硬件＋软件"轻重并举，快速切入存量运营和生活服务行业，逐渐形成产业链协同效应。

开发商通过"硬件＋软件"轻重并举，快速切入存量运营和生活服务行业，包括商业零售、物流办公、旅游、养老、租赁、众创共享等，逐渐形成产业链协同效应。

2. 开发环节的内涵变化

(1)对人居需求的挖掘梳理与开发品质响应的系统性建设

伴随着行业的发展，过去那种"粗制滥造"的产品质量问题开始凸显，老百姓对高品质生活社区的需求愿望日益迫切。人居需求从对"家"内部本身延伸到城市配套，对周边环境的需求，开发角度不仅需要关注房屋居住空间和尺度内部建设，也要关注到学校、购物、出行、生态公园等外围配套等系统性建设，整体响应。

(2)对产业需求系统性建设到综合开发运营服务的深度融合

随着行业的不断成熟，房地产产品业态日渐丰富多元——住宅（毛坯、精装、科技、绿色、集成等）、商业（购物中心、商场、独立店、街铺等）、仓储物流和工业厂房、酒店、体育文化和旅游度假物业、酒店式公寓、养老养生物业等等，门类齐全。开发模式从对产业需求系统性建设到综合开发运营服务的深度融合，相对应的商业模式也在不断细分——快速周转、持有经营、产权式委托经营、基金代持、售后返租、以租代售等，模式不断创新。

3. 设计环节标准及方式的变化

(1)设计类技术服务向下游业务延伸，将渗透装配式建筑项目的全生命周期，建筑设计为建筑业的前端和核心环节，设计企业在打造全产业链的商业模式方面具有天然优势，向下游业务延伸，拓展工程总承包、全过程工程咨询等业务已成为建筑设计行业的重要发展方向。

(2)组织结构平台化，设计企业业务逐步向集成和专业两极分化，新型理念、技术和业态的发展趋势，一方面要求设计成果标准化、数字化和精细化，从业人员需要具有更加精湛的专业技能；另一方面，全产业链的发展趋势，又要求企业和设计人员具有全方位的综合视野和技能，个体能力已难以胜任新理念的要求，因此要求企业进行必要的管理调整或变革，建立高度协同的设计管理平台。平台化已成为建筑设计企业组织结构的趋势。其中综合型设计企业将进一步向集团化、综合性、全程化、完整产业链的集成化方向发展，专业性的设计企业将聚焦设计核心业务，向特色化、精专化方向发展。

（3）越来越重视知识管理和科技创新，科技创新是勘察设计行业实现自身可持续发展的重要目标，勘察设计行业是智力密集型和技术密集型的服务行业，在科技成果实现应用过程中担负着重要的转化功能，因此，勘察设计单位越来越重视科技创新，并加强知识管理体系的建设，使得科研成果真正的应用于勘察设计领域，提升资源利用效率。

（4）与资本市场的结合越来越频繁，跨界融合成为必然趋势，就国内勘察设计行业而言，行业的成功要素正在从过去的以技术为主，向技术、管理、商务策划、资本运作等多元综合能力转变。越来越多的勘察设计企业尝试各种资本运作方式，未来设计单位与资本的合作将会越来越频繁。随着互联网技术的发展和进一步普及，互联网、大数据、云计算等新经济、新产业的跨界融合将成为必然趋势。

4. 制造环节产业融合的变化

制造环节供应链上小生态拓展成为供应链大生态，由各环节小集成不断形成产业链大集成，制造产业从供应产品发展成提供产品供应服务。

5. 建设环节集成思维变化

（1）需要一批具有先进管理技术和国际竞争力的总承包企业；

（2）需要以技术专长、制造装配一体化、工序工种为基础的专业分包。

6. 运营环节的标的及运营数据需求变化

（1）不断整合建筑运行核心系统的各项关键信息，获取建筑各部分设施信息；

（2）提供运维方案，延展各种运维应用，对各种需求做出智能评估和决策响应；

（3）拓展物业的商业模式，快速形成生活服务行业的产业协同效应。

4.1.1.2 产业链相关方组织方式的变化

1. 产业链相关方专项工作变化分析

产业链各方主体参与角色的变化带来各环节权责界面发生变化，商业模式也随之变化，从工作内容的变化形成各环节价值量化，进行价值链重分配。各环节工作内容也相应发生了变化，有增加的、有减少的、有转移的。具体如下：

（1）投资商由资金投资地产"产销模式"转变为投资"服务市场"，其工作内容从短期的融投资一次性延伸为长期的运营收益回报；

（2）开发商从产品开发延伸为响应建筑所服务的产业运营需求的产品运营，其工作内容从销售转移为产品运营管理；

（3）设计单位从图纸技术服务向上响应开发需求、向下响应建设需求，其工作由图纸设计转移为集成设计管理和精细化施工图变化；

（4）制造单位从单一的构件供应向集成部品供应变化，其工作由生产向制造小生态集成服务商变化；

（5）建设单位从资源集聚管理向现场总装大生态集成管理变化，工程商工作转变为集成管理服务商；

（6）运营单位从硬件运营维护向响应人居需求的活动延伸，其工作内容增加了运营数据处理，用于产品开发、商业模式拓展，形成产品迭代闭环。

2. 产业链相关方协同工作变化分析

由于工作内容的转移以及工作对象的变化，产业链相关方参与工作的时机与深度也发生了变化。

（1）需要分析新增工作和传统工作时机的变化，研究相关工作标准变化及工作内容的变化，进行相关价值匹配的分析工作；

（2）所有工作同步展开，需要集成管理方策划前置，考虑后期全部流程和动作，设计不同阶段、设计与生产、施工各环节交叉点识别是协同的关键，通过策划进行风险点的梳理和交叉点的提前识别，明确任务清单，需要展开大量的过程协同工作。

4.1.1.3 全产业链模式下的集成管理分析

在产业链相关方的组织方式变化趋势下，传统建筑相关方逐步介入的模式不能满足全产业链模式发展的需要，权责界面调整衍生出新的商业模式和利益再分配机制。对建筑投资开发到设计建造运维的全过程管理能力的要求越来越高，集成管理思维价值凸显。

1. 全产业链集成管理的价值来源

集成管理将项目管理能力、综合协调能力、风险控制能力转化为自身的利润，有效管控建造阶段的成本，主要有以下方面内容：

（1）集成设计方面，通过装配式系统方案、设备选型、总平布局、设备布置等设计方案，保证品质降低造价的成本控制点。充分考虑项目运行周期边界条件，以项目全寿命周期为立足点对项目方案进行优化，提高设计可建造性，把设计优化创造的运行期效益提高的部分折现到当前。

（2）集成采购方面，通过设计阶段基础材料信息的收集和分析，一是准确的识别采购合约界面，规避工序界面错漏碰缺及索赔；二是定义专业招采环节的相关核心参数与指标，有跟踪有量化，避免标准不清造成损失；三是有效利用公共资源，避免重复招采。

（3）集成施工方面，一是实现复杂工序简单化、专业化、规模化，将专业复杂、现场功效低、品质难以保证、劳动存在风险的位置，形成装配式集成方案，提高工效；二是通过集成设计深度介入项目各环节，使采购、施工、试运行合理交叉、有序衔接，人力、机械资源按事前规划适机投入，优化穿插，减少错漏碰缺、缩短工期。

2. 基于"贡献、投资、风险"的利益重新分配机制

（1）传统平行发包模式，分包方形成多方利益主体，各自追求自身效益最大化，制约建筑产业现代化发展。集成管理商业模式是基于"贡献、投资、风险"的利益重新分配机制，通过集成管理，将各企业的价值最大化目标转化为基于协同效应的供应链价值最大化，最终通过集成管理供应链价值整体效益的放大来实现自身价值增加。

（2）合理的收益分配机制是集成管理动态联盟治理结构的核心组成部分，是合作各方绩效得以发挥的重要保证，直接影响着集成管理的效率。由集成管理方，通过价值识别→价值确认→价值实现→最终按价值贡献、资本投入和风险分担的效益共享机制，完成价值分配，实现成员追求自身的个体理性与集体理性的协同，设计、生产、建造和采购各阶段、各方利益的合理共享。

3. 一体化商业模式实现产业链利益再分配

（1）通过全生命周期的业务联动，进行全产业链利益再分配，解决建筑全产业一体化推进的商业模式障碍。

（2）通过系统化、精细化的集成管理模式，解决现阶段装配技术经济效益优势不足的问题；通过突破现有资源集成方式的项目集成管理，最大限度地体现建筑全产业链的优势，并将优势转化成效益。

（3）通过强化集成管理与专业管理的系统性和精细度，保证项目落地的"研发、开发、设计、施工一体化""建筑、结构、机电、装饰专业一体化"和"计划、商务、品质业务一体化"。

（4）通过开发、建造、营销一体化服务，实现项目整体收益最大化。

4.1.2 建筑业管理方式发展规划

4.1.2.1 集成管理是发展趋势

借用原中国工程院院长周济的话来说，"系统决定成败，集成者得天下"。多年来，建筑各参与方各自追求各自利益的最大化，这样必然制约建筑行业的发展。集成管理将优势互补的企业集成起来，形成松散的灵活多变的虚拟组织，共同负责项目的设计、设备和原材料采购、施工及运行，最终向业主提交一个符合合同规定的、可交付使用的工程项目。

1. 集成管理的价值来源

通过集成管理，将各企业的价值最大化目标转化为基于协同效应的供应链价值最大化，实现内部高效协调、实施过程的深度交叉、质量的综合控制和费用的主动控制，从而达到减少协调费用、减少返工、缩短工期、提高质量、减少浪费的效果，最终通过供应链价值整体效益的放大来实现自身价值增加。在这个过程

4 中国建筑业与主要干系人发展方向

中，业主是最大的受益者。

2. 合理的收益分配机制是集成管理的核心

合理的收益分配机制是集成管理动态联盟治理结构的核心组成部分，是合作各方绩效得以发挥的重要保证，直接影响着集成管理的效率。由集成管理方通过价值识别→价值确认→价值实现→最终按价值贡献、资本投入和风险分担的效益共享机制，完成价值分配，实现成员追求自身的个体理性与集体理性的协同，设计、生产、建造和采购各阶段、各方利益的合理共享，才能保证装配式建筑持续协调发展。

3. 事前控制是集成管理的关键

传统模式中，往往因设计不考虑工期和造价，且设计与采购、施工完全脱节，不可避免导致采购和施工的返工，导致延误工期，提高造价从而使项目整体目标无法实现。而在集成管理中，可在确保工程整体目标实现的同时，把优化设计、合理采购和文明施工有机结合，实现设计、采购和施工深度交叉和内部协调，从而实现整个工程的系统统筹和整体优化。在集成设计、集成采购、集成建造和集成服务的各个阶段，都要高度重视事前控制。除服务外，其他阶段方案均可以在产品建造前策划和论证，实现预测预控。通过智力投入，获取量化数据提供决策方案和指导精益建造，形成降本增效施工体制的方法，是投入最省，收效最大的工作方法。

4. 三个一体化是集成管理的需求和内涵

将产品策划、规划、设计、构件生产、施工、运维等全产业链一体化，将建筑、结构、机电、装修等全专业一体化；将商务、成本、质量、进度全业务一体化，是集成管理的需求和内涵。集成管理实际上是一种全方位的一体化的战略，通过协同效应为各阶段各环节业务服务，最大可能性和最大限度地优化项目阶段和界面管理、缩短建设周期、降低造价，进而真正为业主和投资者增加项目价值和事业价值。

4.1.2.2 管理方式的变化

1. 管理对象的变化

（1）开发商逐渐淡化一对多的管理，转而面向具有全过程管理能力的工程总承包企业或全过程咨询企业；

（2）设计企业不仅专注专业及设计集成发展，更加注重设计质量；

（3）制造企业从面对单一产品供应商演变成为面对产品集成服务商；

（4）建设企业对供应链管理能力需求增强，增加部品部件的生产供应企业，缩减对下游资源的集聚范围；

（5）运营企业不再是单纯的小区日常维护管理，而是趋向于综合社区服务终端运营。

2. 管理方式的变化

（1）各环节前置：注重在设计、采购、建造和服务的各个阶段，高度重视事前控制，在产品建造前进行充分策划和论证，通过智力投入获取量化数据提供决策方案和指导精益建造，实现预测预控。

（2）系统集成：将产品策划、规划、设计、构件生产、施工、运维等全产业链一体化，将建筑、结构、机电、装修等全专业一体化；将商务、成本、质量、进度全业务一体化，通过系统集成带来的协同效应为各阶段各环节业务服务，最大限度地优化项目阶段和界面管理、缩短建设周期、降低造价，进而真正为业主和投资者增加项目价值和事业价值。

3. 基于全产业链的定位认知

投资环节：区域综合运营服务商；

开发环节：专业开发服务商；

设计环节：设计集成管理服务商；

研发环节：需求研发、集成技术研发与产业投资商；

加工环节：产品设计商与产品应用服务商；

建设环节：集成管理服务商；

产业集聚：产业运营平台服务商。

4.1.2.3　管理方式的发展研究

1. 管理行为及行为内涵分析

（1）把优化设计、合理采购及文明施工有机结合，做到价低质优，平衡价值空间；

（2）通过前期策划，明确项目开发策划对设计方案的影响，设计方案统筹考虑工程进度及成本；

（3）实施集成管理，设计要向前与开发进行集成，向后与制造、施工进行集成，前后贯通，发挥集成效应；

（4）建立全过程评估体系，事后评价持续改进。

2. 管理标准及标准变化分析

（1）技术体系要与管理体系相适应，并与集成技术体系协同创新、发展，打造企业技术体系与管理体系并存的核心竞争力；

（2）研究一体化标准技术体系的合理性、精细程度、协同程度填补建筑业转型升级带来的行业空缺，补足行业短板；

（3）单纯的建设项目总承包管理标准、项目管理手册已经不能满足装配式建筑对系统性管理、精细化管理的要求，进行集成管理标准的研究能够系统解决目前管理掌控力不够、缺位感的问题。

3. 管理方式及方式变化分析

（1）对于现有能力能管理的，根据开发、设计、施工等环节之间的内在联系，科学合理地确定集成界面，建立系统结构；

（2）对于能力欠缺的，建立界面交互验证机制，过程交互，总结成新模式下的新管理经验。

4.1.3 建筑业技术发展规划

4.1.3.1 技术的变化

1. 产品系列技术——响应客户需求的精工产品技术

（1）末端产品的核心优势

末端的产品系列技术变为响应客户需求的精工产品技术，具有以下8大核心优势：精工产品，客户需求的高度响应，基于需求规律分析形成的产品系列，高效快速的生产组织方式，高效灵活的联动机制，产业集成的超高效率，超低损耗，持续提升的产品迭代机制。

（2）产品背后的核心能力

响应客户需求的精工产品要求建筑业具有客户需求研究环节的产业布局；需求与创意深度融合的机制与模式；部品与集成并重的产业生态；分解到每个部件的需求响应研究与精工制作研究；产业资源联动需求的标准接口框架体系；从批量生产到批量定制的跨界服务模式。

2. 专业技术——解决行业痛点的专项技术

国内建筑建造环节普遍存在专业交叉多、劳动功效低、重复劳动多、品质保证差、作业风险高等行业痛点，建筑业需要基于建造环节的行业痛点的解读，基于客户需求的产业提升点的需求解读，基于痛点和需求的行业动作响应分析，搭建需求框架、解决行业痛点的专项技术。

3. 集成技术

搭建满足需求框架的专项技术与集成技术发展规划框架，持续完善框架下专项技术、专项技术工程应用技术和创新技术的系统布局。

4.1.3.2 技术发展规划

1. 方向的解读

自英国18世纪60年代开启工业革命，300年走过了工业1.0的蒸汽机时代，工业2.0是电气化时代，工业3.0是信息化时代，目前实现工业4.0是利用信息化技术促进产业变革的时代，也就是智能化时代，西方建筑业借助工业革命的领先优势，基本实现建筑产业现代化。我国建筑业长远发展应以工业4.0的思想，对标制造业全产业链各环节的精益思维，系统解决产品投资、开发、设计、研发、加工、建设、运营全生命周期价值最大化的问题。

2. 专项技术的研究规划

针对传统建造环节专业交叉多、劳动工效低、重复劳动多、品质保证差、作业风险的痛点，以建筑钢结构、PC构件、木结构的受力骨架系统，拓展外围护系统、内填充系统、措施与集成装备，市政等非房建类产品拓展。

针对建筑漏水、变色、掉皮等质量差、建筑空间过小、布局不合理等功能不响应客户需求的现状，需深度打造不同空间人居行为需求数据分析技术与数据库建设，进行以人居需求的建筑设计响应匹配研究技术与方案设计评价体系搭建，以提高需求响应标准。

3. 集成技术的研究规划

通过对集成要素的分析，我们着重研究以下几个方面：

（1）技术方向集成：按照混凝土结构、钢结构、木结构不同类别，商品住宅、医院、学校、商业办公、农改等不同类型项目的"全专业（建筑、结构、机电、装修）、全周期（设计、生产、建造、运营）、全业务（进度、品质、成本）"整体解决方案。

（2）工作任务管理集成：突破严格开发—规划方案设计—施工图设计（建筑、结构、机电、景观）—装修设计—逐步完善的设计模式，将精装修、深化设计前置，实现一步到位的设计任务集成；

（3）技术保障措施集成：按照工业产品的要求，产品设计过程中，同步完成产品设计及功能说明书、产品组件生产、建造措施设计，实现产品一次成活，减少重复劳动、保证品质；

（4）技术与商务的协同：技术方案设计与经济比选工作融合、进行商业模式调整、深度挖掘价值，完成技术工作价值量化处理，为实现产品全生命周期价值最大化提供标准和方向；

（5）集成措施分析：强化策划全面性，推行全过程成果综合评价，突破卫生间、厨房、外墙等复杂部位的集成技术，挖掘并加速全过程设计咨询、专精的装配式设备制造、建筑业大数据等行业空档的资源孵化。

4.2 中国建筑业发展方向

4.2.1 体制机制改革

4.2.1.1 精简工程审批流程

改革精简房屋建筑、城市基础设施等工程建设项目审批全过程和所有类型审批事项，推动流程优化和标准化。具体内容：一是精简审批。取消施工合同、建筑节能设计审查备案等事项,将消防、人防等设计并入施工图设计文件审查。环境影响、节能等评价不再作为项目审批或核准条件,由政府统一组织区域评估。二是分类管理。简化社会投资的中小型工程建设项目审批。对社会投资的房屋建筑工程,建设单位可自主决定发包方式。三是压缩流程。推行联合勘验、测绘、审图等,规划、国土、市政公用等单位限时联合验收。实行"一张蓝图"明确项目建设条件、"一个系统"受理审批督办、"一个窗口"提供综合服务、"一张表单"整合申报材料、"一套机制"规范审批运行,在试点地区实现工程建设项目审批时间压缩一半以上,由目前平均200多个工作日减至120个工作日。

4.2.1.2 优化资质资格管理

进一步简化工程建设企业资质类别和等级设置,减少不必要的资质认定。选择部分地区开展试点,对信用良好、具有相关专业技术能力、能够提供足额担保的企业,在其资质类别内放宽承揽业务范围限制,同时加快完善信用体系、工程担保及个人执业资格等相关配套制度,加强事中事后监管。强化个人执业资格管理,明晰注册执业人员的权利、义务和责任,加大执业责任追究力度。有序发展个人执业事务所,推动建立个人执业保险制度。

4.2.1.3 完善招标投标制度

加快修订《工程建设项目招标范围和规模标准规定》,缩小并严格界定必须进行招标的工程建设项目范围,放宽有关规模标准,防止工程建设项目实行招标"一刀切"。在民间投资的房屋建筑工程中,探索由建设单位自主决定发包方式。将依法必须招标的工程建设项目纳入统一的公共资源交易平台,遵循公平、公正、公开和诚信的原则,规范招标投标行为。进一步简化招标投标程序,尽快实现招标投标交易全过程电子化,推行网上异地评标。对依法通过竞争性谈判或单一来源方式确定供应商的政府采购工程建设项目,符合相应条件的应当颁发施工许可证。

4.2.2 优化市场环境

4.2.2.1 建立统一开放市场

打破区域市场准入壁垒,取消各地区、各行业在法律、行政法规和国务院规定外对建筑业企业设置的不合理准入条件;严禁擅自设立或变相设立审批、备案事项,为建筑业企业提供公平市场环境。完善全国建筑市场监管公共服务平台,加快实现与全国信用信息共享平台和国家企业信用信息公示系统的数据共享交换。建立建筑市场主体黑名单制度,依法依规全面公开企业和个人信用记录,接受社会监督。

4.2.2.2 加强承包履约管理

引导承包企业以银行保函或担保公司保函的形式,向建设单位提供履约担保。对采用常规通用技术标准的政府投资工程，在原则上实行最低价中标的同时，有效发挥履约担保的作用，防止恶意低价中标，确保工程投资不超预算。严厉查处转包和违法分包等行为。完善工程量清单计价体系和工程造价信息发布机制，形成统一的工程造价计价规则，合理确定和有效控制工程造价。

4.2.2.3 规范工程价款结算

审计机关应依法加强对以政府投资为主的公共工程建设项目的审计监督，建设单位不得将未完成审计作为延期工程结算、拖欠工程款的理由。未完成竣工结算的项目，有关部门不予办理产权登记。对长期拖欠工程款的单位不得批准新项目开工。严格执行工程预付款制度，及时按合同约定足额向承包单位支付预付款。通过工程款支付担保等经济、法律手段约束建设单位履约行为，预防拖欠工程款。

4.2.3 鼓励企业技术创新和管理创新

建筑业在技术和管理创新方面存在创新投入不足，行业技术发展缓慢，与工业、零售业等相比差距较大；技术敏感度不高，新技术和新材料应用得很少或不充分；管理粗放，建筑业过于追求建设速度并且前期在管理方面没有良好的根基导致管理层面不够精细。为此，国家在技术与管理创新方面应采取如下举措：

4.2.3.1 鼓励企业技术创新

通过提高高新技术企业的认定标准，加大对高新技术企业的政策倾斜；引导创新企业创立研发中心，企业和高效科研单位的战略合作；促进企业加大科研投入。联合企业和高校构建建筑业成果转化平台，加大现有科技成果的转化和应用，提升建筑业对现有科技成果的应用，促进建筑业技术升级。

4.2.3.2 推动企业精益化管理

增加对国有建筑企业的管理方面的考核力度，推动企业在内容上推行精益化管理。引导企业通过理念创新，探索引入精益管理文化；理念宣贯，促进全员将精益理念入脑入心入行；理念落地，精益思想融入企业实践；推行精益管理文化建设的成效和体会四个步骤，切实将精益化管理落实到企业的日常管理中，实现建筑企业的提质增效。

4.2.4 加强质量安全管理

当前在质量安全方面，建筑业主要存在责任主体不明确，国家对于工程质量问题处罚力度不足，施工项目责任人安全意识不足等问题。为此，国家应从以下几个方面加强质量安全管理，杜绝质量安全事故发生。

4.2.4.1 明确工程相关方的质量责任

明确质量主体，特别要强化建设单位的首要责任和勘察、设计、施工单位的主体责任。落实工程质量终身制，对于因违反规定导致工程质量事故的单位和个人应依法给予责任单位停业整顿、降低资质等级、吊销资质证书等相关行政处罚并通过国家企业信用信息公示系统予以公示，给予注册执业人员暂停执业、吊销资格证书、一定时间直至终身不得进入行业等处罚。对发生工程质量事故造成损失的，要依法追究经济赔偿责任，情节严重的要追究有关单位和人员的法律责任。

4.2.4.2 通过信息化的手段和安全生产培训制度提升安全生产管理水平

将信息化技术应用到安全生产中，运用信息化技术进行安全生产的培训和现场管理。通过信息化的培训，提升员工对安全事故的直观感受，提高员工的安全意识；通过信息化的现场管理，在危险点安装识别危险的自动报警装置，实现对危险行为的提前报警，达到强化现场安全管理的目的。

4.2.4.3 完善质量体系建设

完善工程质量安全法律法规和管理制度，健全企业负责、政府监管、社会监督的工程质量安全保障体系。强化政府对工程质量的监管，明确监管范围，落实监管责任，加大抽查抽测力度，重点加强对涉及公共安全的工程地基基础、主体结构等部位和竣工验收等环节的监督检查。加强工程质量监督队伍建设，监督机构履行职能所需经费由同级财政预算全额保障。政府可采取购买服务的方式，委托具备条件的社会力量进行工程质量监督检查。推进工程质量安全标准化管理，督促各方主体健全质量安全管控机制。强化对工程监理的监管，选择部分地区开展监理单位向政府报告质量监理情况的试点。加强工程质量检测机构管理，严厉打击出具虚假报告等行为，推动发展工程质量保险。

4.2.5 提高从业人员素质

4.2.5.1 加快培养建筑人才，完善人才体系

我国建筑业解决了 5000 多万人的就业，占全社会就业人数的 6.68%，但是从业人员的整体素质不高。为提高我国建筑业竞争力，促进建筑业转型升级和走出去，应加强培养建筑人才，完善建筑业人才体系，为我国建筑业转型升级和走出去提供人才保障，如图 4-1 所示。

（1）积极培育既有国际视野又有民族自信的建筑师队伍。

（2）加快培养熟悉国际规则的建筑业高级管理人才。

图 4-1　建筑业人才体系

(3) 大力推进校企合作，培养建筑业专业人才。

加强工程现场管理人员和建筑工人的教育培训。健全建筑业职业技能标准体系，全面实施建筑业技术工人职业技能鉴定制度。发展一批建筑工人技能鉴定机构，开展建筑工人技能评价工作。通过制定施工现场技能工人基本配备标准、发布各个技能等级和工种的人工成本信息等方式，引导企业将工资分配向关键技术技能岗位倾斜。大力弘扬工匠精神，培养高素质建筑工人，到2020年建筑业中级工技能水平以上的建筑工人数量达到300万，2025年达到1000万。

4.2.5.2 改革建筑用工制度

长久以来，我国建筑业的基层工人以农民工为主体，组织方式为以劳务分包为主，组织化程度低，劳务企业没有分专业和等级，施工企业只用人不培养人。建筑工人普遍文化程度低、年龄偏大、缺乏系统的技能培训和鉴定，直接影响工程质量和安全。建筑业企业"只使用人、不培养人"的用工方式造成建筑工人组织化程度低、流动性大、技能水平低，职业、技术素养与行业发展要求不匹配，为适应我国建筑业转型升级和走出去的战略需要，国家拟对建筑用工制度进行改革，实现劳务企业向专业企业转变，农民工向技术工人转变，如图4-2所示。

图4-2 建筑业劳务人员转变

(1) 推动建筑业劳务企业转型，适时取消劳务资质。建立完善以施工总承包企业自有工人为骨干、专业承包和专业作业企业自有工人为主体、劳务派遣为补充的多元化用工方式。鼓励施工企业将部分技能水平高的农民工转化为自有工人，引导有一定管理能力的班组组建小微专业作业企业。大力发展木工、电工、砌筑、钢筋制作等以作业为主的专业企业。以专业企业为建筑工人的主要载体，逐步实现建筑工人公司化、专业化管理。鼓励现有专业企业进一步做专做精，增强竞争力，推动形成一批以作业为主的建筑业专业企业。

(2) 促进建筑业农民工向技术工人转型，着力稳定和扩大建筑业农民工就业创业。建立全国建筑工人管理服务信息平台，开展建筑工人实名制管理，记录建筑工人的身份信息、培训情况、职业技能、从业记录等信息，逐步实现全覆盖。

(3) 保障工人合法权益，改善建筑工人工作环境。我国建筑业长期存在用工不规范的情况，拖欠农民工工资的现象虽经严厉打击明显好转但仍时有发生，现场工作环境与制造业和国外发达国家建筑业相比仍然有较大差距，见表4-1。

为保障建筑业工人合法权益，国家拟采取四大举措，如图4-3所示。

2016 年分行业农民工被拖欠工资的比重　　　　　　　表 4-1

	2015 年(%)	2016 年(%)	增减(百分点)
合计	0.99	0.84	−0.15
制造业	0.8	0.6	−0.2
建筑业	2.0	1.8	−0.2
批发和零售业	0.3	0.2	−0.1
交通运输、仓储和邮政业	0.7	0.4	−0.3
住宿和餐饮业	0.3	0.3	0.0
居民服务、修理和其他服务业	0.3	0.6	0.3

（1）全面落实劳动合同制度，加大监察力度，督促施工单位与招用的建筑工人依法签订劳动合同，到 2020 年基本实现劳动合同全覆盖。

（2）健全工资支付保障制度，按照谁用工谁负责和总承包负总责的原则，落实企业工资支付责任，依法按月足额发放工人工资。将存在拖欠工资行为的企业列入黑名单，对其采取限制市场准入等惩戒措施，情节严重的降低资质等级。

图 4-3　建筑业合法权益四大举措

（3）建立健全与建筑业相适应的社会保险参保缴费方式，大力推进建筑施工单位参加工伤保险。

（4）施工单位应履行社会责任，不断改善建筑工人的工作环境，提升职业健康水平，促进建筑工人稳定就业。

4.2.6　完善工程组织模式

我国建筑业的承发包模式延续了苏联的计划经济体制，即平行承发包，如图 4-4 所示。这种组织模式在我国建设初期发挥了巨大作用，但是随着经济的发展其缺点也越来越明显：产业链脱节、流程隔离、信息孤岛等，严重影响了我国建筑业的效率和质量。让专业的企业、专业的人士干专业的事，有利于整合资源、理清责任。很多建设单位，本身并不具备足够的专业知识和组织能力，所以国家推行工程总承包、培育全过程工程咨询，鼓励工程建设的设计、施工、建造和服务企业融合发展，如图 4-5 所示。

图 4-4　传统建造组织模式

图 4-5　全过程组织模式

全过程工程咨询是对工程建设项目前期研究和决策以及项目实施和运行的全生命周期提供包含设计和规划在内的涉及组织、管理、经济和技术等各有关方面的工程咨询服务，虽然可以做规划、勘察、设计等生产活动，但更偏向工程管理类服务，属于一种项目管理模式。

工程总承包是指从事工程总承包的企业受业主委托，按照合同约定对工程项目的勘察、设计、采购、施工、试运行（竣工验收）等实行全过程或若干阶段的承包，并对工程的质量、安全、工期、造价等全面负责的一种生产组织方式，如图4-6所示。

图4-6　EPC工程总承包组织模式

从合同关系来看，全过程工程咨询主要接受业主的委托负责全过程的项目管理和服务，在合同关系上更偏向于委托合同，为业主提供有偿的咨询服务，而工程总承包模式下承包商和业主签订的是承包合同，通过合同规定发包方和承包方的权利和责任。

4.2.6.1　加快推行工程总承包

工程总承包是国际工程企业项目管理的主流模式，根据美国设计建筑学会的统计，国际设计施工总承包的比例从1995年的25%上升到了2005年的45%，国际主要的工程企业都采用了这种模式。为推广工程总承包模式，国家计划采取的具体举措如下：

（1）装配式建筑原则上应采用工程总承包模式。

（2）政府投资工程应完善建设管理模式，带头推行工程总承包。

（3）加快完善工程总承包相关的招标投标、施工许可、竣工验收等制度规定。

（4）按照总承包负总责的原则，落实工程总承包单位在工程质量安全、进度控制、成本管理等方面的责任。

（5）除以暂估价形式包括在工程总承包范围内且依法必须进行招标的项目外，工程总承包单位可以直接发包总承包合同中涵盖的其他专业业务。

4.2.6.2　培育全过程咨询

传统建筑业组织方式缺少全产业链的整体把控，信息流被切断，很容易导致建筑项目管理过程中各种问题的出现以及带来安全和质量的隐患。全过程咨询是对工程建设活动全生命周期的工程管理服务模式。推行全过程服务是深化我国工程建设项目组织实施方式改革，是提高工程建设管理水平，提升行业集中度，保证工程质量和投资效益，规范建筑市场秩序的重要措施。同时也是我国现有勘察、设计、施工、监理等从业企业调整经营结构，谋划转型升级，增强综合实力，加快与国际建设管理服务方式接轨，是为去除现有"小、散、乱、差"窘境的最佳举措，更是适应社会主义市场经济发展的必然要求。

具体举措如下：

（1）鼓励投资咨询、勘察、设计、监理、招标代理、造价等企业采取联合经营、并购重组等方式发展全过程工程咨询，培育一批具有国际水平的全过程工程咨询企业。

（2）制定全过程工程咨询服务技术标准和合同范本。

（3）政府投资工程应带头推行全过程工程咨询，鼓励非政府投资工程委托全过程工程咨询服务。

（4）在民用建筑项目中，充分发挥建筑师的主导作用，鼓励提供全过程工程咨询服务。

4.2.7 推进建筑产业现代化

随着新型城镇化稳步推进、人民水平不断提高，全社会对建筑品质的要求越来越高。与此同时，能源和环境压力逐渐加大，建筑行业竞争加剧。推动建筑产业现代化是解决一直以来房屋建设过程中存在的质量、性能、安全、效益、节能、环保、低碳等一系列重大问题的有效途径；是解决一直以来房屋建设过程中建筑设计、部品生产、施工建造、维护管理之间相互脱节、生产方式落后问题的有效办法；是解决当前建筑业劳动力成本提高、劳动力和技术工人短缺以及改善农民工生产、生活条件的必然选择。推进建筑产业现代化，推动建筑业产业升级和发展方式转变，促进节能减排和民生改善，推动城乡建设走上绿色、循环、低碳的科学发展轨道，实现经济社会全面、协调、可持续发展，不仅意义重大，更迫在眉睫。

4.2.7.1 完善工程建设的标准

我国工程建设标准经过60余年发展，国家、行业和地方标准已达7000余项，形成了覆盖经济社会各领域、工程建设各环节的标准体系，在保障工程质量安全、促进产业转型升级、强化生态环境保护、推动经济提质增效、提升国际竞争力等方面发挥了重要作用。但与技术更新变化和经济社会发展需求相比，仍存在着标准供给不足、缺失滞后，部分标准老化陈旧、水平不高等问题。为完善工程建设标准，国家具体举措如下：

（1）整合精简强制性标准，适度提高安全、质量、性能、健康、节能等强制性指标要求，逐步提高标准水平。

（2）积极培育团体标准，鼓励具备相应能力的行业协会、产业联盟等主体共同制定满足市场和创新需要的标准，建立强制性标准与团体标准相结合的标准供给体制，增加标准有效供给。

（3）及时开展标准复审，加快标准修订，提高标准的时效性。

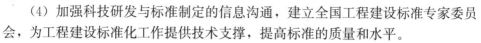

(4) 加强科技研发与标准制定的信息沟通，建立全国工程建设标准专家委员会，为工程建设标准化工作提供技术支撑，提高标准的质量和水平。

4.2.7.2 推动装配式建筑和智能建筑

工业化、信息化融合是进行建筑业供给侧改革，推动建筑业转型升级，实现建筑产业现代化的重要方向。传统建筑方式工业化水平低、能耗高、污染高、质量不高、效率不高，装配式建筑质量好、效率高、节约资源和能源，是推动建筑业转型升级的重要着力点；随着社会的发展，传统建筑已经不能满足人们对高品质生活的追求，智能建筑顺应时代潮流，是建筑产业现代化应有之义。

(1) 坚持标准化设计、工厂化生产、装配化施工、一体化装修、信息化管理、智能化应用，推动建造方式创新，大力发展装配式混凝土和钢结构建筑，在具备条件的地方倡导发展现代木结构建筑，不断提高装配式建筑在新建建筑中的比例。

(2) 力争用 10 年左右的时间，使装配式建筑占新建建筑面积的比例达到 30%。

(3) 在新建建筑和既有建筑改造中推广普及智能化应用，完善智能化系统运行维护机制，实现建筑舒适安全、节能高效。

4.2.7.3 提升建筑设计水平

近年来，我国建筑设计行业发展迅速，不论是企业规模、从业人员规模、经营规模，管理水平和经济效益都有着较大的发展，完成了大量固定资产投资项目的建筑设计任务，创作出了一定数量与品牌的优秀作品，为我国的城市化建设及民生工程建设做出了巨大贡献，发挥了重要作用，已成为我国国民经济建设的重要行业之一，是国家经济建设的重要组成部分。然而，我国建筑设计行业存在着文化不自信、追求效率、千城一面、创新不足，没有进行建筑全生命周期考虑等问题。作为建筑业中的高端服务业和智力密集型产业，建筑设计是建筑业创新能力的重要体现。为提高我国建筑设计水平，国家计划采取以下措施：

(1) 建筑设计应体现地域特征、民族特点和时代风貌，突出建筑使用功能及节能、节水、节地、节材和环保等要求，提供功能适用、经济合理、安全可靠、技术先进、环境协调的建筑设计产品。

(2) 健全适应建筑设计特点的招标投标制度，推行设计团队招标、设计方案招标等方式。

(3) 促进国内外建筑设计企业公平竞争，培育有国际竞争力的建筑设计队伍。

(4) 倡导开展建筑评论，促进建筑设计理念的融合和升华。

4.2.8 发展绿色节能建筑

房屋建筑在全生命周期中，消费了全国 1/3 的钢材，60%～70% 的水泥，

1/3的城市建设用地和城市用水，40%～50%的能源，对环境、能源和资源的消耗巨大，发展绿色节能建筑刻不容缓。

4.2.8.1 提高建筑节能水平，推广节能建筑

根据《中国建筑能耗研究报告（2017年）》的统计，2015年中国建筑能源消费总量为8.57亿t标准煤，占全国能源消费总量的20%。中国建筑节能起步较晚，在房屋节能设计、节能产品研发和节能建筑的推广和应用等各个方面，均与发达国家相差较大。提高建筑节能水平，推广节能建筑无疑是建筑行业未来的发展方向。

4.2.8.2 推进绿色建筑规模化发展

在《绿色建筑评价标准》中对"绿色建筑"四节一环保（最大限度地节能、节地、节水、节材，保护环境和减少污染）的特性做出了定义，但是对绿色建筑从政策、节能标准、设计、施工到运营没有形成完整的规范标准体系，对于绿色建材的研发、应用与推广程度也不高。应该推进绿色建筑规模化发展，借鉴发达国家的经验，结合国内实际情况，逐步完善绿色建筑的规范标准体系。同时结合绿色建筑的实际需要，推动对绿色建材的研发和创新，加大绿色建材的推广和应用。

4.2.8.3 构建建筑全生命周期节能监管体系

据统计，欧美发达国家的建筑垃圾资源化利用率已达到75%，日韩达到95%，而我国目前建筑垃圾资源化率尚不足10%，我国的星级绿色建筑在实际运行中也存在能耗依然很高的问题。除了针对存在技术水平不高、管理制度不健全、政策法规不完善等问题进行改进以外，也需要构建建筑节能监管体系，保障对建筑垃圾资源的利用。由于绿色建筑是一个系统工程，在设计、运行、管理、维护过程中综合考虑因素特别多，如果后期不能科学维护，绿色建筑反倒可能消耗能量。因此，要推行绿色建筑，必须达到全生命周期管理。

4.2.9 加速开展海外市场

建筑业近自2011年以来行业增速显著放缓。2015年全国建筑业总产值的同比增长率仅为2.3%，国内建筑市场趋于饱和。在有近百个国家支持"一带一路"的背景下，海外市场是建筑业未来发展的巨大契机。

4.2.9.1 加强中外标准衔接

面对必须走出去的国际化商机，需要正视中国建筑标准与国际标准不一致，且中国标准海外认可度不高的实际情况。需要积极对比研究中外标准差异，建立适应国际需求的标准内容，缩小中国标准与国际先进标准的差距。同时对中国标准进行翻译，加大对中国标准的宣传推广力度，积极参加国际建筑标准认证、讨论交流等活动，加强中外标准的衔接。

4.2.9.2 加大政策扶持

对于走出去的建筑企业,政府相关部门需要加强沟通协调和信息共享,推动与国外企业之间的交流合作,推进建设领域资质的国际互认,借鉴国际项目的融资模式,加大对建筑企业的金融支持力度。同时需要完善相关政策,加快相关法律法规的制定,保障走出去企业的合法权益。

4.2.9.3 提高承包能力

企业之间需要相互协同合作,政府相关部门需要统筹协调相关企业,充分发挥我国建筑业企业在基础建设、超高层建筑等工程建设方面的优势,提高对外承包工程的能力,加强对外承包工程质量、履约的管理。政府相关部门需要引导对外企业向项目融资、设计咨询、运营维护管理等高附加值领域的业务拓展,提高企业经营水平,优化企业盈利模式。

4.3 建筑业对干系人发展方向的影响

将建筑业的发展方向与建筑业干系人进行正交,分析建筑业的发展方向对建筑业干系人发展方向的影响。

4.3.1 建材企业发展方向

建材行业是建筑业的重要物质基础,为建筑业提供劳动对象。在建筑产业现代化的背景下,建材行业应牢固树立创新、协调、绿色、开放、共享发展理念,以质量和效益为中心,以供给侧结构性改革为主线,以创新驱动发展为动力,着力压减过剩产能,改造提升传统产业,大力发展绿色建材和建材部品部件,壮大先进无机非金属材料、复合材料和建材生产性服务业,优化要素配置,构建产业新体系,见表4-2。

建材行业发展方向　　　　　　　表4-2

	建材行业
体制机制改革	(1)完善行业准入规范条件,规范企业从业行为; (2)建立产业发展联盟,促进产业上下游互动融合
优化市场环境	(1)构建行业诚信体系; (2)保障各种所有制经济依法平等使用生产要素、公平参与竞争; (3)加强知识产权保护
鼓励企业技术创新和管理创新	(1)构建"政产学研用"相结合的产业发展创新平台; (2)加强知识产权建设和保护,鼓励企业利用知识产权参与市场竞争
加强质量安全管理	(1)重视产品长期质量性能,对产品的耐久性指标加强检测

续表

	建材行业
提高从业人员素质	(1) 加强人才体系建设； (2) 加强行业领军人物等高端人才的引进和培养
完善工程组织模式	—
推进建筑产业现代化	(1) 制定完善绿色建材产品评价技术要求； (2) 加快传统建材升级换代，延伸产业链，推进建材部品化、原料标准化
发展绿色节能建筑	(1) 推广绿色建材； (2) 加强清洁生产； (3) 发展循环经济； (4) 强化低碳发展
加速拓展海外市场	(1) 通过资本运作参与国际市场的投资与经营； (2) 推广跨境电商+海外仓、连锁超市等发展模式； (3) 与下游核电、高铁等装备制造企业密切协作，在"一带一路"沿线联合"走出去"

4.3.2 设备企业发展方向

机械行业是建筑业的上游产业，是实现建筑产业现代化内涵中的"工业化生产、装配式建造、智能化应用"的重要基础，是实现建筑业转型升级的重要保障，见表4-3。机械行业的发展方向，我们结合《机械工业发展十三五规划》《国务院办公厅关于促进建筑业持续健康发展的意见》总结如下：

（1）融合发展：打破传统行业界限，加快跨行业、跨领域的融合发展，形成机械工业全产业链的创新发展；

（2）全过程质量管理：推动行业诚信体系建设，树立品牌意识；

（3）完善人才体系：培养优秀人才，引进海外高层次人才，建立人才激励机制；

（4）产业链延伸：鼓励工程机械制造企业积极参与到装配式建筑、智能建筑的建设当中；

（5）绿色化、低碳化发展：大力发展节能高效机电产品、建立并完善资源循环利用体系、积极倡导清洁生产；

（6）国际合作：拓展海外市场，推动装备产品出口；

（7）创新驱动：企业为主体，产学研用相结合的技术创新体系。

机械行业发展方向　　　　　　　　　　　　　　表 4-3

	机械行业
体制机制改革	进行内部改革,适应建筑产业现代化需要
优化市场环境	(1)推动行业诚信体系建设,完善行业自律规约; (2)树立品牌意识,建设品牌文化,提升品牌附加值和软实力
鼓励企业技术创新和管理创新	(1)推进以企业为主体、产学研用相结合的技术创新体系建设; (2)搭建行业公共技术平台,为企业创新发展提供技术支撑和保障; (3)推动信息技术与制造技术的融合,着力提升生产过程信息化水平; (4)跨行业、跨领域的融合发展,打破传统行业界限,促进机械工业全产业链、全价值链的创新发展
加强质量安全管理	(1)推行先进的质量管理方法及理念,健全企业全过程质量管理,加强产品质量建设; (2)完善产品安全、产品担保、产品责任等方面的法律法规,强化产品合格认证
提高从业人员素质	(1)加强人才培养体系建设,重点培养优秀的管理人才、技术研发人才和专业技能人才; (2)建立和完善绩效考核体系和人才激励机制,不断激发人才活力; (3)开展多渠道人才交流合作,积极引进海外高层次人才
完善工程组织模式	—
推进建筑产业现代化	(1)结合装配式建筑的特点,推进构件自动化生产设备、运输设备、高效吊装设备的研发与应用; (2)结合智能建筑的特点,开展建筑智能化设备的研发、生产与应用; (3)产业链延伸,鼓励工程机械制造企业积极参与到装配式建筑、智能建筑的建设当中
发展绿色节能建筑	(1)大力发展节能高效机电产品; (2)建立并完善资源循环利用体系; (3)积极倡导清洁生产,全面推进机械工业绿色化、低碳化发展
加速拓展海外市场	(1)大力拓展海外市场,推动装备产品出口; (2)发挥中介组织作用,鼓励产业链走出去; (3)扩大对外开放合作,推动引资引智引技

4.3.3　设计企业发展方向

设计企业的发展方向,见表 4-4。

设计企业发展方面　　　　　　　　　　　　　　表 4-4

	设计企业
体制机制改革	弱化企业资质,强化个人执业资质
优化市场环境	市场参与主体呈现出明显的多元化格局,与资本市场的结合越来越频繁

续表

	设计企业
鼓励企业技术创新和管理创新	越来越重视知识管理和科技创新
加强质量安全管理	—
提高从业人员素质	设计成果标准化、数字化和精细化,从业人员需要具有更加精湛的专业技能
完善工程组织模式	向下游业务延伸,拓展工程总承包、全过程工程咨询等业务已成为建筑设计行业的重要发展方向
推进建筑产业现代化	管理调整或变革,建立高度协同的设计管理平台,BIM信息化应用趋多
发展绿色节能建筑	要求设计更加注重节能功能以及与材料施工等多密切接触
加速拓展海外市场	与国外设计集团合作密切,重组趋势明显

4.3.3.1 设计类技术服务向下游业务延伸,将渗透项目的全生命周期

现阶段,我国设计咨询的业务内容及参与流程均少于发达国家,发达国家的工程设计业务涉及前期策划及调研至最终竣工及验收各个环节;而我国现阶段工程设计业务仅从方案设计至施工图设计等几个环节。建筑设计为建筑业的前端和核心环节,设计企业在打造全产业链的商业模式方面具有天然优势,向下游业务延伸,拓展工程总承包、全过程工程咨询等业务已成为建筑设计行业的重要发展方向。

4.3.3.2 行业壁垒逐渐弱化,逐步走向市场化

整个勘察设计行业的市场化程度已经达到了相对较高的水平,市场参与主体呈现出明显的多元化格局,包括转型的专业设计企业、新兴的民营设计事务所、改制后的设计企业、外资设计企业等,各类参与主体在市场中已基本能够享受公平的竞争待遇,市场化将是工程勘察设计行业改革发展的最终方向。

4.3.3.3 行业集中度提升,重组趋势明显

我国建筑设计企业数量较为稳定,总体保持在5000家左右,受下游房地产开发行业集中度提升的影响,最近几年建筑设计企业数量有下降的趋势,行业集中度相应提升。随着行业整合程度的日益加剧,将会有更多的业内企业运用并购杠杆来寻求规模的迅速扩张,未来并购重组将会呈现出几种趋势,央属设计科研院所合并到相关实体企业;设计企业为实现规模效应进行横向并购扩张;设计院并购上下游企业或反向并购;外资企业通过收购国内设计企业进入国内市场;大型设计企业通过跨领域收购助力多元化发展;以联盟制、连锁制等多种经营模式实现整合扩张。无论是哪种形式的收购,未来行业的集中度将会进一步提升。

4.3.3.4 组织结构平台化，企业业务逐步两极分化

新型理念、技术和业态的发展趋势，一方面要求设计成果标准化、数字化和精细化，从业人员需要具有更加精湛的专业技能；另一方面，全产业链的发展趋势，又要求企业和设计人员具有全方位的综合视野和技能，个体能力已难以胜任新理念的要求，因此要求企业进行必要的管理调整或变革，建立高度协同的设计管理平台。平台化已成为建筑设计企业组织结构的趋势。其中大型的建筑设计企业将进一步向集团化、综合性、全程化、完整产业链方向发展，中小设计企业将聚焦设计核心业务，向特色化、精专化方向发展。

4.3.3.5 行业利润水平提升，产业链议价能力增强

我国建筑设计及其相关行业总体利润率水平相对较高，但设计收费占建筑产值的比率远低于发达国家，原因在于我国建筑业一直处于粗放式的快速发展通道，对设计的品质、品味和质量要求较低，建筑设计前瞻性和引导作用未能充分发挥。随着我国建筑业的转型升级以及新型业态的发展，建筑设计将发挥愈发重要的作用，设计费率有望提升，对上游企业议价能力逐步增强。

4.3.3.6 越来越重视知识管理和科技创新

科技创新是勘察设计行业实现自身可持续发展的重要目标，勘察设计行业是智力密集型和技术密集型的服务行业，在科技成果实现应用的过程中担负着重要的转化功能，因此，勘察设计单位越来越重视科技创新，并加强知识管理体系的建设，使得科研成果真正地应用于勘察设计领域，提升资源利用效率。

4.3.3.7 与资本市场的结合越来越频繁，跨界融合成为必然趋势

就国内勘察设计行业而言，行业的成功要素正在从过去以技术为主，向技术、管理、商务策划、资本运作等多元综合能力转变。越来越多的勘察设计企业尝试各种资本运作方式，未来设计单位与资本的合作将会越来越频繁。随着互联网技术的发展和进一步普及，互联网、大数据、云计算等新经济、新产业导致跨界融合成为必然趋势。

4.3.4 施工企业发展方向

施工企业主要相关方有承包方、专业分包方、劳务分包、从业人员，各相关方与行业发展方向，见表4-5。

施工企业发展方向　　　　　　　　　　　表4-5

	承包方	专业分包方	劳务分包方
体制机制改革	(1)对于资质的需求减弱； (2)将强化企业信用的要求	(1)对于资质的需求减弱； (2)将强化企业信用的要求	(1)对于资质的需求减弱； (2)将强化企业信用的要求

续表

	承包方	专业分包方	劳务分包方
优化市场环境	(1)打破区域壁垒将使得行业集中度提升; (2)原则上最低价中标将使得行业的利润率进一步降低; (3)形成统一工程造价计价规则促使行业造价明朗,利润水平降低	打破区域壁垒将使得行业集中度提升,企业利润可能降低	利润进一步降低,企业管理进一步提升以节省成本
技术管理创新	(1)加大研发投入; (2)企业将推行精细化管理,提升企业利润	(1)随着承包方科研力度加大,新技术的要求进一步提升,不能跟上步伐的专业分包公司将被取代,行业集中度提升; (2)随着承包企业推行精细化管理,专业分包公司也将被迫提升管理水平	随着承包企业推行精细化管理,劳务分包公司也将被迫提升管理水平
质量安全管理强化	(1)由之前的注重施工效率变为施工质量效率并重; (2)信息化技术的应用将得到加强		由之前的注重施工效率变为施工质量效率并重
从业人员素质提升	培养一批国际化高级管理人才	专业企业进一步做专做精,形成一批以作业为主的建筑业专业企业	现有的企业将转型,木工、电工、砌筑工、钢筋工等专业企业将涌现,农民工向技术工人转型
工程组织模式完善	往工程总承包转型	—	—
建筑产业现代化	往智能、装配式建筑方向发展	提升智能、装配式建筑施工能力	装配式建筑的发展对民工需求减少,对工人需求增加
发展绿色节能建筑	往绿色节能建筑方向发展	提升绿色节能建筑施工能力	—
加速海外市场开发	往"一带一路"沿线的海外市场发展	—	—

4.3.4.1 承包人发展方向

1. 市场方面

(1)打破区域壁垒将使得行业集中度提升;

(2)原则上最低价中标和统一工程造价计价规则将使得行业的利润率进一步降低;

（3）"一带一路"的推进为建筑企业开发海外市场提供了条件，随着国内市场日趋激烈，建筑企业将会更加注重海外市场的开发；

（4）依据建筑业规划和我国发展情况，建筑业将主要往智能、装配式、绿色节能建筑方向发展。

2. 组织方式

工程总承包方式将对于现在的施工方式具有：有利于优化资源配置、有利于优化组织结构并形成规模经济、有利于控制工程造价，提升招标层次等方面的优点，随着我国大力推行工程总承包方式，采用工程总承包方式进行施工的项目将越来越多，未来，工程总承包业务将成为建筑业的主要业务。

3. 运营管理方面

（1）利润降低将促使企业推行精细化管理，通过提升管理水平来提升利润，提升自身的竞争力；

（2）随着海外市场地位的凸显，企业对国际化建筑管理的需求加大，具备海外建筑管理能力的企业将更具竞争力；

（3）信用机制的推行将使得企业对履约更为注重，对项目的管理将提升。

4. 学习成长方面

（1）建筑业务的发展将迫使企业加大对研发的投入，新技术和新材料在建筑业的应用将得到提升；

（2）海外市场的开展使得企业对熟悉海外项目管理的人才需求提升。

4.3.4.2 专业分包方发展方向

1. 市场方面

（1）随着建筑业将主要往智能、装配式、绿色节能建筑发展，专业分包方的市场也将主要往这方面发展；

（2）打破区域壁垒，市场竞争激烈，行业集中度提升，缺乏核心竞争力的企业利润将进一步降低；专业分包方将进一步做专做精，形成一批以作业为主的建筑业专业企业。

2. 运营管理方面

（1）利润降低将促使企业推行精细化管理，通过提升管理水平来提升利润；

（2）信用机制的实施将使得企业对履约更为注重。

3. 学习成长方面

专业分包方的市场主要往智能、装配式、绿色节能建筑发展要求专业分包方提升自身能力，对这方面的专业人才需求增加。

4.3.4.3 劳务分包方发展方向

1. 市场方面

（1）装配式建筑的发展对民工的需求将减少，对工人的需求增加，劳务公司的市场减小；

（2）由于承包方的利润可能出现降低，劳务分包方普遍缺乏核心竞争力，其利润将可能进一步降低。

2. 运营管理

（1）利润降低使得企业将加强管理以节省成本；

（2）信用机制的实施将使得企业对履约更为注重，管理进一步提升；

（3）随着对劳务工人专业素质要求的提升，现有的企业将转型，木工、电工、砌筑工、钢筋工等专业企业将涌现，农民工向技术工人转型。

4.3.5 监理企业发展方向

监理企业发展方向见表4-6。

监理单位发展方向 表4-6

	监理单位
体制机制改革	(1)对于资质的需求减弱； (2)对于质量的检查将变严
优化市场环境	区域壁垒打破使得行业竞争激烈,行业集中度提升,利润将降低
技术管理创新	新的技术标准将出现,监理单位需注重新的技术标准学习
质量安全管理强化	对于质量的检查将变严
从业人员素质提升	—
工程组织模式完善	工程总承包模式下,监理单位将往全过程工程咨询发展
建筑产业现代化	具备智能、装配式建筑监管能力
发展绿色节能建筑	具备绿色节能建筑监管能力
加速海外市场开发	往全过程工程咨询发展

1. 市场方面

（1）企业将朝着具备智能、装配式、绿色节能建筑的监理能力的方向发展；

（2）区域壁垒打破使得行业竞争激烈，行业集中度提升，利润将降低；

（3）"一带一路"的开展使得企业往全过程工程咨询发展。

2. 组织方式

工程总承包的出现将推动监理企业往全过程工程咨询发展。

3. 运营管理方面

（1）利润进一步降低，企业管理能力进一步提升以节省成本；

（2）信用机制的实施将使得企业对履约更为注重。

4.3.6 质检企业发展方向

质检企业发展方向见表4-7。

质量检查企业发展方向 表4-7

	质量检查
体制机制改革	对于资质的需求减弱
优化市场环境	承包方的利润降低使得质检利润降低
技术管理创新	新的技术标准将出现,质检单位需注重新的技术标准学习
质量安全管理强化	行业将更为规范,对于质量的检查报告出具更为谨慎
从业人员素质提升	—
工程组织模式完善	工程总承包将使得质检企业往全过程咨询方向发展
建筑产业现代化	具备智能、装配式建筑质量检查水平
发展绿色节能建筑	具备绿色节能建筑质量检查水平
加速海外市场开发	—

1. 市场方面

（1）区域壁垒的打破使得行业集中度提升，企业利润降低；

（2）企业将朝着具备智能、装配式、绿色节能建筑质检能力的方向发展。

2. 组织方式

工程总承包的出现将推动企业全过程工程咨询发展。

3. 运营管理方面

（1）出具的质检报告将更为谨慎；

（2）信用机制的实施将使得企业对履约更为注重。

4.3.7 管理运营企业发展方向

管理运营企业发展方向见表4-8。

管理运营方发展方向 表4-8

	管理运营方
体制机制改革	(1)对于资质的需求减弱； (2)将强化企业信用的要求
优化市场环境	—
技术管理创新	提升管理水平
质量安全管理强化	—
从业人员素质提升	—

续表

	管理运营方
工程组织模式完善	—
建筑产业现代化	—
发展绿色节能建筑	—
加速海外市场开发	—

运营管理：

（1）运营管理由目前的粗放管理转为精细化管理；

（2）对于企业的信用更为注重的将获得市场认可。

4.3.8 地产企业发展方向

地产企业发展方向见表4-9。

房地产企业发展方向　　　　表 4-9

	地产企业
体制机制改革	—
优化市场环境	房地产进入稳步发展阶段，总体增速放缓，进入存量时代；兼并重构进一步加速，行业集中度进一步提升，中小房企生存空间挤压甚至部分退出
鼓励企业技术创新和管理创新	以"精细化"管理为主
加强质量安全管理	—
提高从业人员素质	注重人才管理
完善工程组织模式	大型房企"多元化"发展，探索可能转型或兼顾盈利的未知领域，包括商业零售、物流办公、旅游、养老、租赁、众创共享等，逐渐形成产业链协同效应
推进建筑产业现代化	产品与客户进一步细分，"精品工程"时代即将到来；产品建造模式将逐步颠覆，大量依赖农民工"低效率""高成本""低质量"的模式逐步被"工厂化"分担，社区智能化日益显现
发展绿色节能建筑	买卖双方都在思维升级，从卖房子到卖生活
加速拓展海外市场	—

1. 房地产进入稳步发展阶段，总体增速放缓，进入存量时代

房地产行业在未来较长时期内，将稳步发展，"房住不炒""租购并举"长效机制加快落地等政策，确定了房地产开发投资稳中有降，我国房地产行业新增固定资产投资增速明显放缓，房屋施工面积、竣工面积增速明显下降。房地产发阶段如下：

(1) 起步至高速成长阶段：1998—2013年，以"粗放式"管理为主；

(2) 成熟至稳步发展阶段：2014—2025年，以"精细化"管理为主；

(3) 衰落至养老阶段：2026年—，以"专业化"管理为主。

2. 马太效应"彰显，强者愈强，兼并重构进一步加速，行业集中度进一步提升，中小房企生存空间挤压甚至部分退出

2017年，房地产行业集中程度进一步提高。前四大房地产开发企业销售金额占比从2012年的6.61%上升至2017年的14.56%。以销售金额计算，10强、20强、50强、100强房地产企业市场份额分别为24.05%、32.21%、45.29%和55.24%，分别较上年增长5.34、7.38、12.20和15.49个百分点。各梯队市场份额均呈上升趋势，且持续向龙头企业集中。中小型房企依然举步维艰，成长空间进一步被挤压。500强企业中，销售份额小且呈现负增长的企业不在少数，两极分化加剧，部分竞争力薄弱的中小型房企将退出市场，而实力雄厚的大型房企将受益于行业整合，在拿地、融资等方面都构筑更高的边界。

3. 产品与客户进一步细分，"精品工程"时代即将到来

随着行业的不断成熟，房地产产品业态日渐丰富，不同的产品对应的客户类别进一步细分，不同客户的需求也逐渐多元化。伴随着行业的发展，过去那种"粗制滥造"的产品质量问题开始凸显，对精品工程需求日益提高。

4. 大型房企"多元化"发展，探索可能转型或兼顾盈利的未知领域

随着房地产多元供给体系逐步完善、长效机制加速建立、资金面持续收紧，房企开始思考如何应对行业变局。在政策大力支持下，房地产企业加速抢滩住房租赁市场。城市化进程进入下半场，城市发展模式和房企盈利模式开始全面转变。从"产销模式"向"资管模式"转变，从"买地造房卖房"向"资产整合优化运营"转变，行业面临全面转型。众多开发商切入生活服务业务板块，逐步探索"空间建造"和"生活服务"的统一发展，"硬件＋软件"轻重并举，快速切入存量运营和生活服务行业，包括商业零售、物流办公、旅游、养老、租赁、众创共享等，逐渐形成产业链协同效应。

5. 产品建造模式将逐步颠覆，大量依赖农民工"低效率""高成本""低质量"的模式逐步被"工厂化"分担，社区智能化日益显现

以"万科"为代表的钢筋混凝土"住宅产业化"逐步走向成熟，以"远大"为代表的钢结构"工厂化"终将攻克难题，渐行渐远，以"卓达"为代表的绿色环保"新材料"逐步登上历史的舞台，以"物联网"为载体社区智能化将精彩演绎。

6. 越来越多的企业创新拿地模式

越来越多的企业创新拿地模式，以产业地产、旅游地产、文化地产、旧城改造、超高层拿地等模式去弯道超车，真正符合了城市发展方向，而且退一步讲，开发商不仅更容易获得住宅土地，而且总价和单价都相对更有利润空间。所以，无论如何创新，沿着城市生长的未来方向，是拿地创新的出发点。

7. 买卖双方都在思维升级，从卖房子到卖生活

一方面，地方政府不再是过去通过出售土地解决财政收入的思路，而是立足城市升级，立足土地的产业、酒店、写字楼，购物中心等城市多功能配套更多去提升城市品质，解决更多就业，创造更多税收，实现城市可持续发展等新的出发点。另一方面，作为土地另外一方开发商也在新时期纷纷提出城市运营商，城市配套服务商的战略转变。比如一大批诸如中南、金茂、金泰开始战略转型城市运营商，比如万科转型做城市配套服务商的新定位等。由此而见，开发商也在升级对土地价值、城市贡献的二次认知。从盖房子，到提供新兴生活方式，再到为城市运营增加活力、动力，今天土地的买卖双方都在思维升级。

8. 中西部房地产投资渐增，重心逐渐布局二线、三线城市

在 2017 年，销售规模在 5000 亿元以上阵营、1000～5000 亿元房企、500～1000 亿元房企拿地金额占销售额比重均值超 40%，开疆拓土态势加剧，拿地结构更趋均衡。上市房企区域布局战略逐渐明晰，中西部城市逐渐成为各家上市房企布局的重点，2017 年及 2018 年以来，一些中西部省份及相关城市房地产投资呈现上升态势。相较于省会城市，一些中西部地级市成为房地产投资增长快速的地区，许多中西部地级市、县级市的土地市场都有上市房企甚至龙头房企的影子。

9. "特色小镇"市场空间较大

在国家推行的要在 2020 年前培育 1000 个左右各具特色小镇的宏观政策引导下，各类房企在面临中国城市化进程接近尾声，传统房产市场竞争日趋激烈，融资、拿地、销售多重困境阴霾下，特色小镇建设犹如寒冬里的一丝暖风，吹遍了大江南北。目前特色小镇市场的参与者既有万科、华夏幸福、绿城集团等老牌小镇开发商，也有碧桂园、恒大这类原本专注于住宅开发的龙头公司新近加入战局。

4.3.9 政府发展方向

政府发展方向见表 4-10。

政府发展方向　　　　　　　　　　　　　　　表 4-10

	政府业主方
体制机制改革	简化招标投标流程； 弱化资质要求

续表

	政府业主方
优化市场环境	供地更倾斜于产业用地、基础设施及保障民生用地; 固定资产投资结构有所优化,逐步向完善公共基础服务的第三产业聚焦,旧城改造需求凸现; 基础设施投资建设将更多投在生态保护、环境治理、道路建设、公共设施、水利管理的改造提升等方面
鼓励企业技术创新和管理创新	—
加强质量安全管理	进一步完善从立项、土地规划、工程设计、部品生产、施工监管、项目验收等环节的管理制度
提高从业人员素质	注重人才管理
完善工程组织模式	招标倾向于有EPC总承包能力的企业
推进建筑产业现代化	在建设用地安排上优先支持发展装配式建筑产业; 进行面积奖励或容积率奖励; 给予装配式建筑招标投标奖励政策
发展绿色节能建筑	政府投资的大型公共建筑以及保障房等,要求建设成为绿色建筑,给予相应的奖励
加速拓展海外市场	积极对接海外项目; 给予更多优惠补贴

1. 土地供应总量中新增建设用地保持缩减趋势,供地结构发生变化

从未来全国土地供应总量来看,《全国国土规划纲要(2016—2030年)》(以下简称"纲要")明确了我国新增建设用地总量将保持缩减趋势。其次,从供地结构来看,近年来我国建设用地供给一直以基础设施建设用地为主,房地产及工矿仓储用地的比例则持续下降,其中一线城市土地供应更倾向旧改腾退,中短期内供需严重不平衡的城市有望增加土地供应,但其他城市土地供应或将维持,针对地价方面的调控政策仍将有出台空间。

2. 供地更倾斜于产业用地、基础设施及保障民生用地

以优化土地供给为重点,提高资源保障针对性,优先保障新产业、新业态、重点项目和新型城镇化重点片区、重点基础设施项目用地,在土地出让过程中,开始更加关注对于当地经济和产业的带动能力,比如"特色小镇"等;全力保障民生用地,稳步增加民生用地供应,对棚户区改造、保障性安居工程、养老用地做到应保尽保,全力支持大众创业、万众创新用地。

3. 固定资产投资增速有所放缓,固定资产投资结构有所优化

全社会固定资产投资增速有所放缓,随着供给侧改革不断深入,经济结构转型不断深入，我国固定资产投资结构有所优化，逐步向完善公共基础服务的第三产业聚焦。政府投资更加注重与民生相关的领域，如加强各种污染治理，改善居民生活环境，加大对一些文化娱乐设施的投资等。

4. 基础设施投资增速减缓，结构持续优化

随着基础设施不断完善，投资增速减缓，投资结构继续优化，基础设施投资建设将更多投在生态保护、环境治理、道路建设、公共设施，水利管理的改造提升等方面，上述领域投资持续快速增长，补短板效应凸显。目前已公布的各领域规划数据显示，城市管廊、城市管线、通航机场、海绵城市及轨道交通等新型基建领域未来的发展空间巨大，尤其城市管廊相关领域。另外，从投资数据来看，结构在优化，最重要的是民间投资活力增强。

5. 政府大力推进装配式建筑或绿色建筑

各大省市加强推进装配式建筑发展，在土地出让环节明确装配式建筑预制率、装配率和成品房要求。例如武汉，划定重点区域，规模推进装配式建筑。武汉市二环以内的民用建筑，国家、省、市生态示范区内的民用建筑，政府投资公益性公共建筑和独立成栋的保障性住房项目均应按装配式方式建造，并逐年扩大应用区域，力争2020年内达到新建建筑面积的30％以上，并实现住宅全装修和成品交付。在推进装配式建筑的同时，结合武汉大建设时期的特点，积极推进桥梁、管廊等市政基础设施工程也采取装配式建造。

强化政策保障，加强监督管理，确保装配式建筑项目落地。按装配式建造方式开发建设的项目，给予容积率、预售资金监管比例下调、提前办理预售手续等优惠政策；装配式建筑可优先采用设计、构件生产、施工一体化工程总承包模式，项目招标投标按照技术复杂类工程项目实施招标。